# 歴史研究と人生

## 我流と幸運の七十七年

高村直助 著

日本経済評論社

自宅にて　2013年 6 月

入学記念　1943年 4 月

上京前、家族揃って　1955年４月１日

国史学科デモ　1961年６月15日（国会南門前）

『日露戦後の日本経済』刊行を前に　1987年12月27日

研究室の送別野球　1997年２月17日（御殿下グランド）

東大退職記念パーティー　1997年３月29日（インターコンチネンタルホテル）

ゼミ４年生達と　2005年１月24日

横浜ユーラシア文化館・横浜都市発展記念館の人達と　2013年６月26日

引退を祝して家族と　2013年６月29日

# 目次

# 歴史研究と人生——我流と幸運の七十七年（回顧談）

話し手：高村直助（東京大学名誉教授）
聞き手：上山和雄（國學院大學・横浜市ふるさと歴史財団）、老川慶喜（立教大学）、大豆生田　稔（東洋大学）、鈴木　淳（東京大学）、中村尚史（東京大学）
場所：東京大学社会科学研究所
月日：二〇一三年四月一日、二十七日、五月二十五日、六月二十一日

# 一　生い立ちから学生時代まで

**高村**　私の昔話を聞きたいということですが、私の話など、いまさら皆さんに何かプラスになるとは思えません。ただ、何度か上山君から勧められたものですから、それではということでお受けすることにしました。お尋ねがあれば話しますが、忘れていることも多いし間違っていることもあるかもしれません。

**上山**　それでは、還暦の際に頂いた冊子（『高村直助　年譜・著作目録』）に、子どもの頃やお生まれになったおうちのことなども書いてあるのですが、まずそういったところからお話を伺いたいと思います。

## 父母のこと

**上山**　比較的抜けているように思うところを、お伺いしたいと思います。お父さんのご実家の話や、お母様のこと。

**高村**　父親はですね、実は当人が死んでから聞いたことなのですが、結構気の毒な身の上なのです。

生まれたのは福井で、母親の家が市内の小稲津《こいなづ》というところの大きなお米屋さんであった。ところが父親はお婿さんで、親父が生まれる前に、家風に合わないということで離縁になってしまった。その後に別のお婿さんが来て弟や妹達が生まれた。ですから、親父は実の父親を知らない。

あとで大阪に奉公に出て、徴兵検査の時に、無名でお酒が送られてきたことがあって、それが父親ではないかと思ったと、母親に言ったことがあるそうです。大変な雷親父で、家父長制の権化だと思ったけれども、そのような意味では苦労したのだろうと思います。

それで、高等小学校が終わる時に、母親は止めたらしいのですが、家出同然にうちを離れて、これも死んだ後に聞いたことで、実はそれから僕は横浜に対する意識が変わったのですが、横浜に出たらしい。一八九九年生まれで、八年教育を受けていますから、一九一四年ではないかと思うのです。つまり第一次大戦勃発前後の不景気の時代だったのですね。おそらく数か月ぐらいで思わしいことがなくて一度国に帰って、今度は大阪に出て丁稚奉公をしたのですね。それで、だんだん番頭にまでなって、最後は店主と喧嘩して独立。

丹後地震というのがあったでしょう、昭和の初めに（一九二七年三月）。業種は呉服関係で、要するに見本を持ってどさ回りをして、注文を取って送り出すわけね。その時に店主が、「こういう際だから、うんと高く売ってこい」と言ったので喧嘩になって、親父が出て行くことになった。まだ姉が産まれて間もなく、年子の長男が母のお腹にいる頃だったそうですが、借家を探して独立したというのです。業種は和装小物と風呂敷の卸です。

母親の方は北桃谷というところの生まれで、ＪＲ大阪環状線の駅に「桃谷」があります。おじいさんは一種発明好きの人で、全然当たらない発明を試みていたらしいけれども、何が仕事だったのだろう、よく分からない。母親は、大阪の町中でお針子をしていた。父親が奉公しているでしょう、それで見初めて、「もう酒もたばこもやめるから、一緒になってくれ」という話です。

## 自分の名前

**高村**　ついでに言っておきますと、私の直助という名前は、父親の奉公人時代の名前なのです。山本有三の『路傍の石』の主人公吾一は、丁稚奉公した時、最初は吾吉でしょう。親父は本名は武ですが「直」という字をもらって直吉、手代になって直七、番頭としては直助となったのです。だから誰かに跡を継がせたいと思っていたのですが、一方では四柱推命に凝っていて、姓名判断ですね。生年月日との相性が、上の兄三人はみんな合わなくて、私になってようやく合った。だから、跡継ぎを期待していたらしいのです。

子どもは男が四人で、親父は学校に行っていなくて、新聞の勉強なのです。商売人に学問は要らないというのが当時までの商人の常識だったが、時代の変化を感じていたのでしょう。だから大学に行くのはいいけれども、ぜひ経済、せめて法学部。「法経、法経」と言っていたけれども、ついに四人とも誰一人、法経に行っていないのです。

## 兄弟のこと

**中村**　ご兄弟は、男性で四人？

**高村**　一番上と下が女、真ん中の四人が男で、兄弟姉妹六人。ほかに産まれてすぐに死んだ女が二人いたらしいのですが。

**上山**　ご兄弟の中でお亡くなりになったのが。

**高村**　二番目の兄。母親の妹一家が戦災で全滅したので、名義を継いで、苗字が川口というのですが、僕が定年になる頃に六十六歳で死にました。ほかはまだ健在です。

**上山**　お母さんのご実家を継がれたということですか。その亡くなられたお兄さんは。

**高村**　母の妹の嫁入り先。阿倍野の南の田辺に住んでいたのが、和歌山市内に疎開すると言うので、親父が猛反対して、「B29の通過点だからやめろ」と言うのを僕は覚えていますが、結局親子四人、敗戦直前に焼け死んでしまった。親父が現地に行って火葬したのですが、燃料を手に入れるのが大変だったと聞きました。

**中村**　先ほど、ご兄弟は誰も法・経に行かれなかったという話だったのですけれども、皆さんはどこに。

**高村**　一番上の姉は神戸女学院。長男は京都大学の、何と哲学に行った。僕が左翼思想に関心を持って、毛沢東『実践論・矛盾論』を読んでいたら、「ちょっと貸せ」と言って読んで、「何だカントと同じだ」と言うので、「そんな馬鹿な」と思ったのだけれども、案外当たっていたのかもしれません。結局、父親の跡を継いだのです。二番目の兄は、もともと大学に行く気がなくて、山を見たかったということで信州大学を受けに松本に行って、白紙で答案を出して帰ってきた。だから、北杜夫には非常に親近感を持っていました。

二番目の兄は、大学に行かずに店を手伝うことになって、結局、長男と同時に父親の店に入った。しかし東京オリンピックの頃東京に出て来て、小伝馬町に店舗を借りました。帳簿付けなどはきちんとするが、商売人向きではなかったのでしょう。十数年頑張ったものの引き揚げました。親父が亡くなった後も、大阪の店は長男がやっていたのですが、時代の趨勢を見て、希望する店員達に譲って引退したのですね。だから、商売は一代半で終わってしまった。

三番目の兄は、京大の農学部へ行ったけれども、これは山岳部と言った方がいいほど山に凝っていました。大学院に進んで稲の増産の研究だったのですが、もう減反時代になってお呼びではなくなった。最後は京大アフリカ研究センターにいて、近年では、アフリカなどにＪＩＣＡの関係で、農業の研究所や大学をつくる手伝いなどをやっていましたけれども、もう今は隠居です。

それよりも熱心なのは山で、桑原武夫先生についてヒマラヤに行くなどしていた。実はこのところ、登頂記念五十周年が続いているのです。京大出版会がＣＤ付きの記録を出すなどで、当時の京大学士山岳会の人達は盛り上がっている。

それから妹は、学年で二つ違って、僕が東京にいる頃に、うちを離れたかったのでしょうね。駒込の先でしたか、女子栄養大学がありますが、当時の短大に入った。一時僕と同居していたこともありますが、在日韓国人と仲良くなってしまった。彼は中学生だったのに、朝鮮戦争に駆り出されたらしいのです。それで、その兄が海軍だったので、日本に寄港する時にこっそり連れて来たそうです。法政の二部にいて、氷屋で配達のアルバイトをやっていたのです。一緒になると言い出して大騒動で。私から見て、妹は強い人間ではないから、とてもやって行けないと思った。今と違ってすごく偏見の激しい時代ですから、随分苦労したと思います。結局、下関や広島などで何か雑貨屋をやるなどして、最終的には大阪に戻って来て電気工事ですか。でも、しっかり子どもが五人いて、さらに孫がそれ以上いて、とても大家族になっています。

## 住まいのこと

**中村**　岸和田には、疎開で行かれているのですね。

**高村**　家族ごと大阪から引っ越したのです。それまで南本町（東区、現中央区）では、一階が店舗で二階に住んでいるという構造でした。家族ぐるみの疎開ですね。岸和田市の春木から南海電車の難波まで電車で三、四十分でしたけれども、当時としては遠いという意識です。最初は言葉が通じないことがあった。

**中村**　戦後、阿倍野に戻られるのは何かあったのですか。

**高村**　それはやはり、岸和田は仮住まいという意識があったでしょうね。阿倍野の家の元の持ち主は多分、昔、お金持ちだった家だと思うのですが、三つに分割したのですね。元の持ち主が土蔵に住んでいた。おばあさんと母親と女の子の三人暮らしで、そのお母さんが水商売か夕方に出かけて行く。没落して切り売りしたのでしょう。ほかの部分は二つに分かれていて、離れのようなところがあって、そこは別の人が薬局をやっていて、僕と同期生がいた。母屋の方を親父が買ったのですね。

　地下鉄が通る予定のすぐ脇、天王寺と今の昭和町の中間で、戦争で工事が中断していた。天王寺駅から歩いて一〇分ぐらいでした。

## 野球放送

**高村**　大阪に戻ったのは五年生の一月ですが、その後の小学生時代の思い出の一つは、六年生の時の西宮球場でのラジオ放送ですね。募集に応募したら当たって、一イニングずつ割り当てで放送した。それが放送の雑誌記事になったのです。私の名前をインターネットで検索すると、何百番目かにその記事が出てきます。

**大豆生田**　見ました。

**高村**　「十二歳の小学生高村直助君など近畿各地から六十八人が参加」（「ラジオの昭和史」）と記されています。僕が最年少だから名前が出たのでしょう。放送席が低く、グラウンドの地面が目線の辺りで、よく見えた。阪急に天保投手、南海に別所投手がいた頃です。
それと、そうでした、女優になった三ツ矢歌子という人がいた。

**中村**　知っています。

**高村**　小学校の同期生で、あれは本名なのです。彼女は背が高くて、私はちびで、学芸会をやると親子役なのです。新東宝という映画会社があった頃に看板女優になって、その後はテレビドラマなどで、中年の役で結構出ていました。彼女も死んでしまった。

**中村**　お店は、元の場所に戻ったのですか。

**高村**　三月十四日の大阪大空襲で焼けて、土蔵だけが残ったのです。とにかく、その辺は全部が焼けたのです。ご丁寧に、わが家は前の日だかに、闇でコークスを仕入れたから、よく燃えた。しばらく土蔵で営業していて、また再建したのです。

**上山**　おうちのご商売は、先生が幾つぐらいまでやっていらっしゃったのですか。

**高村**　父親が死んだのが、僕がドクター三年目の秋です（一九六四年）。その後は長男が継いでやっていて、いつまででしょうか、それでも二〇年以上やっていたのではないでしょうか。高速道路が出来、その下に船場センタービルが出来て、繊維問屋は次第にそちらに移って行くようになって、そこに入るかどうかという問題があって、それを機会にやめようということになったのだと思います。大分後の話です。

## 校舎のない中学生時代

**中村**　中学校時代でちょっとよく分からなかったのが、「校舎がない」ということです。

**高村**　ないのです。六・三・三制は、中学は一九四七年からで、私は四九年入学の三期生です。まだ設備が整備されていないのです。普通は小学校の高等科を引き継ぐ形になりますが、校舎がなかったのです。幼稚園を借りる時は、終わった午後だけの授業で。

**上山**　だから二部授業などが一般的だったということですね。

**高村**　時間はいっぱいあって、本当に野球をよくやった。しかし授業時間が少なくて損をしたという意識はないですね。新築の校舎に移ったのは、二年の秋だったと思います。

**中村**　何か陸上の一五〇〇メートルで活躍されたと。

**高村**　そうそう。大した成績ではないけれどもね。能力がなくても、頑張ればある程度は出来るのだという自信にはなった。運動神経はないですが。

## 中学での親友

**高村**　横道にそれますとね、この時の、陸上競技をやったのは、森田雄二君という親友がいてね、二人で元盲学校の仮校舎の砂場作りから始めたのです。

このような少年もいたということを少し。すごく貧乏で、八畳一間で一家全員が暮らしている。机がなくて、みかん箱を利用しているというのですが、いつもトップクラスなのです。藁草履姿は当時は珍しくないのだけれども、彼はズボンのベルトがなくて、縄で縛っていた。周りの人達が支援したのでしょう、結局、東大に入りました。

それで、やはり早く恩返しをしたかったのでしょう。法学部を出て警察に入って、二十代で本富士の署長になった。僕は、小中は一緒で高校は違うのです。その後は方向も違ってきたので、大学での付き合いはなくなったけれども、彼は彼なりの正義感もあって、警察に入って、イタリアへユーロコミュニズムの研究で留学するなどして、現役最後は海部内閣の時の内閣調査室長になったのです。ただ、膵臓がんで六十歳前に死んでしまった。

彼と二人で、中学時代に生徒自治会をやっていて、自治会規則を作ろうと、参考になるものを何も知らないから、日本国憲法を参考に作った。当時は、生徒指導をディーンと言ったのですが、その先生に掛け合って認めてもらった。高校は、彼は天王寺、僕は高津でしたが、それでもよく行き来してね、自転車で訪ねて行った。

**鈴木**　自治会の規則を作られたというのは、その自治会自体はあったのですか。その自治会を作るところから始めたのですか。

**高村**　すでにありました。僕は会長もやった。会長と学年代表などというものになって、大体絶えずやっていました。高校でもやっていました。

**鈴木**　その時は、なぜ中学で自治会長などになったのですか。

**高村**　何か勉強の出来る者は当然やるものだというような常識がなかったですか。衆目の見るところ。逃げられないといいますか、そのような感じはあったですね。

## 高校進学

**中村**　高校は近くだと、やはり天王寺になるのですね。

**高村**　天王寺が一番近くて二〇〇メートルくらい、今でいう偏差値だと一番。ただね、上の兄二人が北野で、天王寺はライバルなのです。「あれはね、本当は低能児というのだ」などと刷り込まれていたから、あそこだけは行きたくなかった。三番目の兄が高津でしたし、それで良かったですけれどもね。

ただ、そうだ、冊子に書いていないことで、私の人生にかなり影響があるのは、中学に入る時に受験に失敗しているのです、私は。大阪学芸大（現大阪教育大）の付属（天王寺中学）です。自分が行きたいというよりも先生に勧められて、志願者が同じ学年に五人ぐらいいたでしょうか。担任の先生に、「お前がリーダーになって補習をやれ」と言われ、放課後に一緒に勉強をした。いざ蓋を開けると、僕だけが落ちて、ほかはみんな受かってしまった。

それで落ち込んで寝込んでいたら、五年生の時の担任がうちの向かいに住んでいたのですが、母親としゃべっている声が聞こえて、「先生方に挨拶に行っていないのでは、受かるはずがない」。僕が社会問題に目覚めるきっかけになりました。「世の中おかしい」と。それともう一つは、いくらコネの社会でも成績が一番なら採ってくれるだろうと。

だから、中学の頃は非常にガリ勉になりまして、陸上競技もやるけれども、分割睡眠法と言いましょうか、自分なりに考えて、練習の後夕方に帰ってきて寝て、夜に起きてご飯を食べて、それから夜明け近くまで勉強して、また寝てという。旺文社の分厚い入試問題集は全部やりましたが、発表の日に庭に出て、石油を掛けてボーッと燃やした。

高校入試の時に、そのようなことを覚えているのがガリ勉の証拠なのだけれども、二〇〇点満点の大阪府共通のアチーブメント試験だったのですが、僕が一番だったらしいのです。それを、入学式の時に校長先生が、「一番の高村君というのが、うちに来てくれて嬉しい」としゃべったわけです。

高津というところは自由だけれどもドライなところもあって、年に二度、実力テストがあって、一番から四〇〇番のどん尻まで、ガリ版刷り二枚で廊下に掲示するのです。私は入学早々のテストで、国語で句読点をつけるのを逆に考えた結果、十一番だったのです。みんなが、「大阪府で一番で高津で十一番の奴だ」と聞こえよがしに言う。当人としては、高校生活の始まりは辛いものがありました。

**上山**　先生から色々な話を聞いていますが、このような話は聞いたことがない。

**高村**　本当はしらふでしゃべると少しみっともない話なのだけれども。逆境に立った時などに思い出すのは、一つは陸上競技、もう一つは今のことですね。思い出して自分を鼓舞する、正直、そのようなことはあります。

**大豆生田**　当時の高校入試というのは、結構大変だったのですか。

**高村**　いや、二倍までいかないです、高津でも一・三倍ぐらい。だから、本当は恐れることはなかったのだけれども、でもやはり前のことがあったから、発表を見るまでは緊張していましたね。

**中村**　当時の大阪の高校には学区制があるわけですね。

**高村**　中学区制といいますか、高津と天王寺、それに勝山と生野が同じ学区でした。高津を受けたもっと単純な理由は、高校は電車に乗って通学したい。私は背が低く、高下駄を履いていたのです。高校時代はずっと高下駄。校舎内は下駄履き禁止だから、脱いで裸足で歩いている。女の先生などは、「高村君、頼むから靴履いて」と言うけれども。バンカラ、そういう形で旧制高校への憧れを実行していた。一学年に数人程度ですが。

## 影響を受けた先生

**中村**　高校時代に、印象深かった先生というのは、どのような先生がいらっしゃいましたか。

**高村**　それは多かったです。先生はね、僕はこの学校に行って本当に良かったと、今でもそう思うのだけれども、すごく個性的で、しかも自由。個性を尊重してくれる先生が多かった。自由、ただし結果には厳しいけれども。

一番印象に残っている先生は、実は、去年横浜で亡くなったのですが、加藤栄一という国語の先生です。この方は唯一の東大出で、国文を出た方ですが、その先生のうちにはよく遊びに行くなどした。その先生に、「君の文章は志賀直哉を思わせる」と言われたのです。どこまで深い意味があって言われたのか分かりませんが。でも、すごくよくつきあってくれて、僕はすぐ上の兄の影響で、高校の頃は結構仲間と山に行ったのですが、一緒に来てくれるのです。スキーも一緒に行ってね、先生はスキーは初めてでした。別に顧問というわけではないのに、教師と学生というより友達のように付き合ってもらった。

**上山**　まだ若かった。

**高村**　若かったのでしょうね、先生も。

それから、中学時代にすごく影響を受けた先生がいるのです。もう亡くなったけれども西浦進先生。本来は絵描きになりたかったのだろうと思う。僕の時は美術で、その後は数学を教えていた。志を得なかった人だと思うのです。そして教育、当時はカリキュラムが導入される時期で、そのような新教育を推進する役目をしておられた。「常に最善を尽くせ」いうのが口癖で、影響を受けた。その先生も、「教師というのは、すべてさらけ出さないと生徒と付き合えない」ということで、よく先生の宿直の時に泊まりに行った。あるいは泊らなくても、夜遅くに先生の飲む酒を買いに行く。夏などに泊まるのだけれども、布団がないから、蚊帳にくるまって。

**上山**　戦争中のイメージを彷彿させるような、そのような先生は残っていませんでしたか。

**高村**　田舎の小学校だから、それほど軍隊式の経験というものは、戦時中はないです。手旗信号や手榴弾、瀬戸物のものを投げるということはあったけれども、特に戦時中に感じることはなかったですね。むしろ戦後になって、予科練とか特攻崩れの代用教員が、何かあると「お前達みたいなのがいたから負けたんだ」などと言って殴るなど、そのようなことがありましたね。

**中村**　文の里中学や高津高校には、そのような先生はいらっしゃらなかった感じですか。

**高村**　そうですね。高校は紳士・淑女揃いで、厭な先生は幸いおられなかった。中学には嫌な教師がいて、マラソンを完走してへとへとになっている友人をいたぶったり、放課後に女子生徒と教室で何かやっているなど、ある種不良教師グループがあった。それが、西浦先生が新教育を推進しているのを根に持って、袋だたきにしたのですね。

これもまた社会問題に目覚めるきっかけになるのだけれども、卒業間近に先生達の飲み会後に、ビール瓶で頭を割られてしまった。当然処罰があると思っていたら、結局、喧嘩両成敗のように両方が異動ということになった。

それで頭に来て、高校に入った四月ぐらいでしょうか、友人と二人で、大阪市役所に行ったのです。富田課長という人が対応してくれたのですが、「君らの言うことはよく分かる。しかし騒ぐと、かえって先生が困ったことになる」。この「大人の論理」に対抗出来ずに、すごすご引き揚げてきたことがありました。

## 社会問題への関心

**高村**　そのような類のことで、何か世の中は少しおかしいというのを、感じるようになった。その素地があって、そして朝鮮戦争があったでしょう。一九五〇年ですか。中学校二年の時に始まって、だんだん激しくなってきて、高校に入る頃でしょうか。五二年入学だから、まだ戦争は続いているね。特に、北朝鮮と中国の国境に近い水豊ダムでしたか、爆撃したのですね、アメリカ軍が。あわや越境しそうになった、中国に。そうなると、九州の板付あたりが逆にやられる可能性があるというように思ったわけです。そのような危機感のようなものは非常にありましたね。それに高校の先輩や友人の影響などもあって、多少左翼的なものを読むようになった。

同期にも早熟な人、山口浩一郎君がいて、「大山郁夫がレーニン賞をもらったのに、受賞のための出国を禁止したのはけしからん」などと怒って。彼の影響で私も左翼的になったのだけれども、そのうち彼がすぐに冷めてしまって、大学を出てからは、逆に僕をからかうようになった。

彼は頭はいいのだけれども、「数学は学問に関係ない」と言うのです。すごく数学的な頭なのだけれども、数学のない東北大学に行ったのです。卒業後東大社研の法律系助手になって、僕は後からたまたま助手になった。彼はまた先に横浜国大経済学部助教授になって、私がまた、あとを追う形になった。二度も同じ職場になったのです。

彼の専門は労働法ですが、従来の労働法学者は、彼に言わせればプロレイバーということが大前提になっているが、彼は客観的にやりたいとイタリアに留学するなどした。感心したのは、彼の還暦記念論文集がローマで発行されている。もちろんイタリア語で。

国大は間もなく辞めて上智に行って、そして放送大学を経て中央労働委員会の委員長を数年やった。昔ならね、春闘が盛んな頃は「止め男」ですけれども、そのようなことはなかったようです。その男とも、悪口を言い合いながらも親友でした。

三鷹に家を構えていて、こちらがまだ間借り暮らしの頃、本が多くて大変だろうと、本を数年間預かってくれたことがありました。高校の親友には、もう一人平賀照夫君がいたのですが、電通の子会社のトップになったと思ったら、奇病に見舞われて死んでしまった。

## 読書とサークル

**老川**　社会問題関係では、この頃どのような本をお読みでしたでしょうか。

**高村**　大して勉強していないのです。僕が一番、高校生の時に影響を受けたのは、アメリカのレオ・ヒューバーマンという人を知りませんか。岩波新書で数冊あると思う。『社会主義入門』『資本主義経済の歩み』など。それらに非常に影響を受けました。

資本主義は本質的に戦争を引き起こすから、平和のためには社会主義にしなくてはならないと。ごく啓蒙的な書物ですけれども、そのようなレベルですね。大学に入ってからです、スターリンやレーニンなどを読み漁ったのは。

**上山**　社研のようなサークルもあったのですか。

**高村**　私は社会科学研究会と新聞部でした。社研で何を読んでいたのでしょうか。新聞で覚えているのは、下手な新聞を作って、「ハラキリ」という、頁全体を罫線が横切るようなものを作ってしまった。松川事件の真相は違うのではないかということを書いたり、また、伊丹空港、今の大阪空港ですが、まだ米軍が接収していて、その周りの住民がいかに迷惑しているかなどを取材して回って、書いたこともありましたね。

**中村**　山口さん以外に先輩などの影響はありましたか。

**高村**　随分影響を受けた先輩がいるのです。村尾行一といって、僕の二年上の兄と同期で、結局僕と一緒に東大に入った。林学を専攻して長く助手をしていて、その後の東大紛争の隠れたリーダーの一人です。今は愛媛大学の客員教授になっていますが、駒場歴研会にも時々出て来ます。その人の影響はやはり大きかった。アジテーターなのですね。

特に東大に入って駒場寮などにいると、要は兄貴代わり。だから、東大自治会で役員をやったことも、その影響が大きいですね。

## 高校の自治活動

**中村**　高津高校の時はどうですか。

**高村**　政治活動はなかったですね。メーデーの後ろを付いて歩いたくらいで。そこまで熟していなかった。そのような人も一部いたようだけれども。結構、場所柄から言って鶴橋近くですから、在日が、当時は名乗らなかったけれども結構いて、そのような人で、集会に参加して警察に追われたなどという噂は、少し聞いたことはある。

メーデー事件がありましたね。あれは一九五二年ですね。東大から二人、「真相を伝える」という遊説隊が来たのです。そうすると、そのあたりが高津の面白いところで、午前中の授業を自治会の要請で全部中止。全員が講堂に集まって話を聞いた。その時に話した人が、実は今でも知り合いなのですが、中村光男という人で、その後、反戦学生同盟が名前を変えて社会主義学生同盟になる時の初代委員長なのですね。

それから、これは政治とは関係ない度の過ぎたお祭り騒ぎなのだけれども、三年生の時でした。運動会でクラス対抗のリレーがありまして、騎馬戦のように上に人を乗せて、最後の一周は担任の先生を乗せるわけです。私を含む数人の悪がきの企みです。その年の夏にプールが完成していた。ゴールで止まらないで、そのまま走って、みんなでプールに飛び込んだ。一部の先生には事前に知らせたらしくて、そのような人は下に水着だったが。あとで考えたら、ショックで心臓麻痺を起すかもしれない。処分すべきかどうか、職員会議で揉めたらしいのだけれども、結局、お説教をするということで終わった。

## 大学進学問題

**高村** だから、非常に私は有難かったです、高津高校は。多分、天王寺に行っていたら大分雰囲気が違っただろうと思う。進学指導というものも特になかったし。だから、大して進学率は良くなくて、有名校にはあまり行かないのですが、ただ、たまたま僕らの学年の時は、東大に現役五人と、村尾さんと計六人が入った。それはどうも前後の記録らしい。今はほとんど一人も入らない。

**中村** 受験勉強は、どのようにやられましたか。

**高村** あくまで我流でしたね。受験で、模擬テストも受けたことがないですね。分割睡眠法はもうやっていなかったと思う。陸上競技をやらなくなったから、それはやらなかったと思うのです。結局、目安は学内の実力テストですね。入った最初は先に言いましたが、その後はいつも三人で争っているのです、ベスト三を。結局、その三人とも一緒に東大に入りました。

一人は工学部を出て東芝の研究所の副所長になったけれども、六十代半ばで肺がんで死んでしまった。もう一人は、理学部に行って、宇宙航空研究所でロケット博士として有名になった河島信樹君です。

**老川**　お話を聞いていると友人関係も豊富ですし、それに極めて多様な活動をしているのに、なぜ進学先を決めたのが邪馬台国論争だったのでしょうか。やや不思議に思うのですけれども。

**高村**　邪馬台国はね、どうも記憶では社会問題とは結びつかない。

そもそも僕は、日本史を含めて歴史の授業があまり好きではなくて、成績もいまいちでした。因果関係を考えるのは好きなのだけれども、暗記のようなものは嫌だし。だからなぜ日本史と思ったのか。しかも、きちんとした古代史の本を読んだわけではないのです。受験参考書はともかくとして、井上光貞先生の本を読んだのも大学に入ってからです。

伊豆公夫という名前を聞いたことはないですか。唯物史観の普及版のようなものを書いている人です。その人の『日本歴史』という本を読んで、それで邪馬台国に関心を持ったようなのです。先日、国会図書館で読み直したら、邪馬台国問題は一頁ぐらいしか書いてないのですが、この本に影響されたという記憶はある。

もともと特に好きではない日本史に向かったのは、あるいは階級社会と国家の始まりという点で意識したのかもしれませんが、漠然としたものです。要するに、大和説が京大で、北九州説が東大らしいが、北九州の方が良さそうだから東大だ、と思ったことは記憶にあります。

**中村**　一番得意だった科目は何だったのでしょうか。

**高村**　僕はむしろ理系ですね。物理などが一番、物理や数学が割に楽。言葉は悪いですけれども、楽勝というような感じで。与えられた問題を解くのは楽しいけれど、理系に行きたいという気はなかったのです。どちらも今は全く駄目ですが。

**中村**　お父さんは法経に行くようにおっしゃっているわけですね。それに反発したということはあるのですか。先ほど、「東京に行きたかった」というお話をされていたのですけれども、それはどのような理由で。

**高村**　やはり、うちを離れて独り立ちしたい年頃だったのでしょう。京都はすでに、仲は良いが三番目の兄がいたし。東京には修学旅行で初めて来て、東大の正門前の旅館（鳳明館別館）に泊まって、夜キャンパスを覗いたのが初めてでしたね。やはり憧れたのか。

**中村**　お父さんは、要するに、跡を継がせようと思われていたわけですね。直助という名前をつけて。反対はされなかったのですか、「東京に行く」とおっしゃった時に。

**高村**　上の兄二人が一緒にやっていたから、それはそれでいいと思ったのでしょう。むしろ、食べていけるかどうか。文学部というのは軟弱と思うじゃないですか。大学に入っても、かなり経ってから、親父が言いにくそうに、「お前、吉川英治ぐらいにはなれそうか」。それで、「なれそうにない」と言った。

そうそう、入試で東大独自の一次試験が始まったのは、この一九五五年からでした。また、入学が決まって上京したのは、確かC58の夜行特急「彗星」でした。当時のことで、東京に行くというのは結構「おおごと」で、七、八人の友人や仲の良かった守衛さんが見送りに来てくれました。渋谷駅に着いたら、高いところから「地下鉄」が発車しているので、びっくりしました。

## 駒場時代

**中村**　大学時代のお話に移りたいと思います。

**上山**　最初は駒場寮に入られなかった。

**高村**　親の所得調査があって、はねられてしまった。それで、当時は東大前と駒場と二つの駅があって、その中間ぐらいの線路の反対側に下宿をしたのです。六畳一間を二人で借りて、高校時代の友人と。最初は寺田正見君と一緒でした。彼は、銀行から鉄道に転じて、現役最後はアトレの社長でした。一、二か月、一緒にいたのだけれども、向こうが出て行ったというのは、私のだらしなさに辟易したのでしょう。自分は入試結果発表の直後から、煙草を吸い始めていましたしね。

**老川**　お酒の方はどのような感じだったのですか、その頃は。

**高村**　お酒は、もう小学校から。父親が、「飲め、飲め」と言うのです。渋谷の今の「１０９」近くの「恋文横町」にあった、共産党のおじさんがやっている「全面講和」では、よくどぶろくを飲んで二日酔いになりました。駒場寮には二次募集で入れてもらいました。駒場寮では、大変だらしない生活をいたしました。

**中村**　駒場寮に入りたかったのは、やはり安いからですから。

**高村**　寮生生活がしてみたかった。むろんお金の要素もある。当時月六千円で生活していました。六人一部屋で、サークル単位に分かれていて、僕は歴史研究会に入っていたのですが、六、七部屋あったでしょう。サークルとしては通学生と合わせて一〇〇人以上いたのではないでしょうか。色々な部会があって、僕は、幕末の基地闘争とも言うべき駒場野一揆研究グループということで、大口勇次郎さんと最初から一緒だった。研究活動は通学生が中心で、時計台のある一号館ですか、入って右端の部屋が部室だった。

卒業後かなり経ってからですが、いまだに駒場歴研会というものが続いています。年に四回あって、今では一五〇回近い。同世代特に一年上の寮生中心で、幹事役が弁護士で、安田講堂事件の主任弁護人です。中核派の機関紙の編集長をやっていた人や、元高検検事や商事会社の海外の社長だった人もいる。毎回誰かが報告して、飲みながら議論するのです。例えば裁判員制度、最近のはやり歌、平和教育の総括など、みんな真面目なのです。

**中村**　何人ぐらい集まるのですか。

**高村**　この頃は寂しくなってきました。前回来た人が次の時にはもう死んでいたなど、そのようなことが結構あって。多くて一〇人、少なくて六人ぐらいですね、集まるのは。メンバーそのものは、三、四十人いますけれども、遠方や体調不良の人がいますから。

**中村**　駒場の授業について書かれているところで、「それなりに珍しいというか、魅力的な人もいた」とありますけれども。

**高村**　全体にはつまらない。何か高校の授業や受験参考書の延長のようで良くないという感じがしました。僕は割と国文の成瀬正勝先生の授業に魅力を感じた。確か、犬山藩でしたか、尾張藩の支藩のお殿様の子孫ですね。漱石などをやるのだけれども、煙草の場面があると、その吸い方を身振り手振りでやってくれることが非常に面白い。全然学問的ではないが。そのようなことぐらいしか覚えていない。語学はもう途中からサボってしまって。

覚えているのは、ドイツ語クラスなのですけれども、最初、文法で一応、まじめにやって「優」をもらった。後半二学期は「良」ね、二年生の三学期は「可」、「じゃあもういいや」ということで、四学期は捨ててしまって「不可」。平均点が「可」で合格。そのような調子なのです。

僕が親しかった同じクラスの下壮而君がいまして、文Ⅱから経済に行って、隅谷三喜男ゼミを出て農林省に入って、将来の次官候補と言われていたのだけれども、四十代で脳卒中、ゴルフの時に倒れてそのまま意識不明になって、数か月後に死んでしまった。

そうですね、駒場の時は、学問的に刺激を受けたとすれば、冊子に書いたけれども、日本史の井上光貞先生のゼミで、学問とはこのようなものなのだと、ある種あこがれを感じました。ただ、途中からサボってしまって、邪馬台国は消えてしまった。

## 学生運動

**中村**　社会問題への関心が、とみに強まる契機というのは。

**高村**　当時、平和共存ムードが高まる一方で、原水爆実験が繰り返されて戦争の危機感が刺激されるという時代でした。自治会活動のきっかけはね、やはり村尾先輩。一緒に常任委員になりました。自治会委員というのは各クラスから選挙で出て、大体手を挙げると対立候補が出ないので委員になる。その委員の中で、また手を挙げると常任委員になる。

私は情宣担当で、木造の五号館二階の自治会室でビラのガリ版切りを、毎晩のように夜中過ぎまでやっていた。それで、一年生の終わりの一九五六年一月だったでしょう、授業料の値上げ問題があった。今思えば随分安くて年二千円だったのが、三千円になる。僕などが入る二年ぐらい前までは、すごく激しい学生運動があったけれども、すっかり勢いが減退していたのです。ところが、それをきっかけに、あの時に駒場から二千人のデモが出たのです。それから活気が出てきた。

そのうち、やはり何といっても当時は平和問題ですね。特に原水爆実験反対ということが大きかったのと、それから二年になる頃から、立川基地の拡張問題が具体化してきて、五六年の秋に現地立ち入り測量があって、それを阻止するということで、結果、全学連で三千人が行ったのです、砂川の現地に泊まり込みで。

僕も行って農家に泊めてもらったのですけれども、それで非常に盛り上がったのです。農家の庭先で揉み合いをするなど、色々あった。機動隊は目立った形では暴力は振るわないのだけれども、「露助」などと言いながら警棒で小突くのですね。泊まり込み中、汚い泥靴で都内に家庭教師に行って、「先生、靴、汚れていますね」などと言われて、「ばれたか」と思ったこともありました。

## 共産党のこと

**高村**　それで、その頃、共産党に入ったのです。五六年の秋ですから、十月に私は二十歳でしょう、その直前に、入党願書を出したのですが、書き直させられた。「昔の共産党はひどかったけれど、この頃は大分良くなったようだから入りたい」と書いたら、「こういう文章を書いちゃいかん」。

当時は面白い時代で、入学した七月に六全協があって、共産党がこれまでの非公然活動を自己批判した。一番、権威が崩れた時代なのです。その前の時代は、戦後の知識人の間では、共産主義、共産党というのは非常に権威があった。それが崩れた時代だから割に自由だった、僕らの時は。もう少し後になると、今度はセクトが対立してしまって、ゲバが入ってきたりする。割に勝手気ままに言ったり行動したり出来る短い数年間だった。

それで、本郷に来た頃にびっくりしたことは、文学部だけで共産党在籍者が一〇〇人以上いるのです。学生大会の定足数が学部在籍者の四分の一で一八〇人だった。一〇〇人もいたら学生大会がすぐ成立するのに、一向に成立しないのは、この頃は幽霊党員が多かった。要するに昔は活動していたが、挫折して出て来ない。覚えているのは、駒場寮時代に、風呂敷包みをぶら下げて大学に戻って来る人が次々に現れたということです。やはり地下活動をしていて。そして、「講義というのは、出てみたらすごくいいものだ」と言う。

余談ですが、本郷進学が近づいた頃、寮を出て池袋の要町に下宿をしました。家主さんが「全学連の学生さんなら歓迎」と言うので、これは幸いと思った。二階の四畳半に入居してから聞かされたのですが、何とその部屋には、非公然時代の最高幹部だった志田重男が潜伏していたということで、驚きました。彼は確か、六全協の後、池袋界隈で遊んでいたと暴露されて除名されたと思います。

## 本郷で

**大豆生田**　自分は「捕まらなかった」とおっしゃっていましたけれども、何か気をつけていらっしゃったのですか。

**高村**　それは、根が臆病ですからね。本郷に来てからの話になるけれども、僕が三年生になって進学した時です。自治会の中央委員会がありまして、今でもあるはずです。もともとあったのが、破防法闘争で非公認化されていた。それを再建するということで、改めて東大自治会中央委員会の規則を作ったのだけれども、過半数の学部で批准が成立しないと大学としては認めない。当時は八学部あってＪＥＬＳＴＡＭＰと呼んでいましたが、批准はまだ三学部でした。

各学部から中央常任委員を出して、法文二号館一階の経済学部経友会（同窓会）の部屋を、便宜上使っていたのです。なぜか、「お前、やれ」ということで委員長になってしまったのです。しかし学生部に交渉に行っても相手にしてくれない、未公認だから。その代わり処分の対象にもならない。

ストライキをやると委員長は退学、学生大会議長は停学だったでしょうか。僕は中央委員会だから対象外なわけだ。本当に悪いのは別にいるという認識に大学側がなって、その処分第一号が坂野潤治さんでしたか。それまでは肩書き主義だったたですね。

それで免れたのと、それから現場で何度かデモの指揮はやったけれども、僕のデモ指揮というのは臆病なんです。ジグザグデモをやるとお巡りさんが来て叱られて、普通の行進にして、また目を盗んでやる。当時はまだ普通の警察はおっとりしていて「学生さん」といった気分があって、警察署長が付いて管轄の境まで来ると、次の署長に挨拶をする。「よろしく」などと言って敬礼している。

**中村**　のどかですね。

**高村**　二度ぐらい言われたことがあるけれども、一度は、前の都庁（現国際フォーラム）の中庭に座り込みをしていたのです。教育委員会法改正反対だったたでしょうか。僕が責任者だったから名指しで言われてしまった。「おい高村、今、ツーストライクだぞ」と。「これはやばい」と思って適当に収拾した。そのような弱虫だった。

**上山**　上級、都や地区などとの関係はどうなのですか。

**高村**　東大学生細胞は、文京地区委員会に属している。細胞委員会、リーディングコミッティー（LC）が指導する。十二、三人いて、私もその一人でした。そうそう、一時、文京地区委員会を乗っ取ってしまったことがある。

**上山**　東大の細胞がですか。

**高村**　東大学生細胞が。やはり在籍者でいうと圧倒的に多い。東大だけで三、四百人ぐらいいたのではないか。多数決で勝ってしまった。その代わりに色々なことをやらなければならないということで、ごく短期間でしたけれども、僕も『赤旗』配りをやったことがある。すぐ巻き返しがありましたが。

その頃からだんだん反党的になってきて、あれは五八年の秋ですかね、それには僕は行かなかったけれども、学生党員達が代々木の党本部を占拠してしまった。結局、東大学生細胞が、ほぼ丸ごと分離してしまうのです。

**上山**　あのブントですか。

**高村**　残ったのは本当に数人だけ。もちろん幽霊党員はそこで消えたと思いますが。僕は名指しで除名されてはいない。「党章」制定に伴う新たな党員証を交付されなかっただけです。大口さんなどは麗々しく除名宣告が『赤旗』に出た。

僕はＬＣではやはり情宣担当で、当時、年に四回でしたか、『マルクス・レーニン主義』という機関誌を出していたのです。薄っぺらいけれども大判の。結構、全学連関係者には読まれていたのですけれども、最後の編集長は私なのです。それは日本共産党の東大学生細胞の機関誌だった。ブントに移行したら、もう出ないわけです。

ただし僕はブントになってから、実際にはほとんど活動していない。「体調が悪い」などと言ってサボってしまったね。事務所にも行ったことがない。

**上山**　それは何年ぐらいですか。

高村　五九年の何月か。自分は三月に卒業して、完全に浪人するでしょう。だから、自分自身の将来を考えなければいけない。

それと正直言って、社会主義は歴史の必然だから、それを推し進める責務があるというのは本当かという疑問が膨らんできていた。またそこに向かう手段についても、当時の議論は、消去法で手段を限って行くという傾向があった。例えば、平和的なデモは効果がないから実力でなければ駄目だなど、そのような一種の消去法です。どんどん過激な方向に追い詰めるような議論が多かったけれども、すごく違和感を持ってきた。

迷いが深まる一方、自分は一体どうやって生きて行くのかという、それをうまく両方合わせられないか。当時、綱領論争があって、その前提に日本の資本主義をどう考えるかという問題があった。それの見直しに関われれば、自分としては両方、自分個人としても考え方がはっきりするだろうという気持ちになってきたのですね、卒業前後から。

ですからだんだん足が遠のいた。何があったかというと、時々臨時で使われるのです。命令ではないのだけれども、「お前は学籍がないので大学で処分されることはないから、ビラまきやれ」などと。

## 六・一五事件

老川　以前、樺美智子さんと一緒にデモに行かれたという話を聞きましたが。

**高村**　樺さんね、彼女は二年下でしょうが、極めて生真面目な女性で、本当に裏も表もない。逆に言えば、思い込んだら命懸けというようなところがあった。

**上山**　それは先生が大学院に入られてから。

**高村**　六・一五事件は一九六〇年でしょう。あの年の四月に僕は大学院に入っています。だから、彼女が特に頑張ったのは、その少し前からだけれども、国史の学生で文学部学友会委員長をやったのが、一年下の栗山君と二年下の道広君で、道広君と樺さんが同期。

それで、彼女が特にラジカルになったのは、羽田事件で逮捕された後か先か、選挙に落ちてしまったのだ。要するに学科二人の学友会委員に対立候補が出てきて、そちらは、第四インター系の女性なのだけれども、負けてしまったのです。それがかなりショックだったのではないかと思う。

しかし樺さんは、生きていたら、大学院を受けていたのではないかと思いますけれどもね。最後に、『明治維新史研究講座』の地租改正の部分が机の上に開いてあったというから。その日に大口さんが卒論の相談を受けているのですね。

**上山**　そうですか。

**高村**　午前中に授業を受けて卒論の相談をして、午後に国会デモに行くという、そのような人だったのです。その日、僕は見物人で国会の周りをうろうろしていたら、彼女がデモ隊の中にいて、「今日は突入するの」、「もちろんやります」などと言葉を交わした。この日は真夜中までいましたね、現場に。危ういところ、僕の一人後ろまで警官の鞭でやられた。

**上山**　鞭ですか。

**高村**　指揮棒の先が鞭のようになっていて、あれでピシッとやった。十二時過ぎたら凶暴に、要するにもう報道陣がいなくなって暗くなってきたから。道路脇に車が停まっていて、僕は小柄だからその隙間から抜け出した。僕らは一〇人ぐらい、知り合いのアパートに逃げ込んで、要するにメーデー事件のことが頭にあったから、山手線の駅に行くのは避けて夜明かしした。

事件のすぐ後、六・一八でした。法文一号館の25番教室で追悼集会をやった後、国会に向けてデモが東大から三千人出たのです。先導車には、宝月圭吾先生と伊藤隆さんが乗っていました。あの時責任者になったのでしょう。それで、威勢のいい連中などは、「こんな葬式デモでは駄目だ」などと文句を言っていた。

**上山**　伊藤先生はどのような立場だったのですか。

**高村**　よく分からない。その時はもう国史学科全員が、とにかく何か、愛する人を亡くしたような雰囲気になって。助手も含めてね。やはり、あんな真面目な人なのに警察はひどいと思ったのですね。当日の写真も当時の『国史研究室』に出ていますが、オーバードクターも含めほとんど全員が写っています。

その後何年続いたのか、六月十五日に東大から追悼デモをやった。国史学科主催といっても、せいぜい二、三十人ですけれども。私は二年間、警視庁に許可をもらいに行きました。三年目は三鬼清一郎さんがやってくれた。僕が嬉しかったのは、石母田正さんが来てくれたことでした。弟が共産党から立候補している人で、当時党は「トロツキスト樺美智子」だったですからね。

六・一五をきっかけに、研究室協議会というものを作ったのです。先生も大学院生も学部生も一緒に、共通の問題を話し合ったりする。成り行き上、私が議長を二年ぐらい務めたのです。

## 大学院進学前後

**中村**　それは大学院生時代ですね。

**高村**　そうです。大分話が先に行っていますけれどもね。

浪人時代はとにかく……。そうでした、卒業する時に、僕は法学部に学士入学しようと思ったが、失敗したのです。

**中村**　それはどのような動機ですか。

**高村**　一方では宇野弘蔵氏の本を、特に浪人時代に入ってから熟読しました。とりわけ『恐慌論』にはいたく感銘を受けました。「法則」不信で社会「科学」などあるのかと思っていたのですが、宇野理論を学んでから、やはり社会科学はあるかもしれないと思うようになりました。それで、宇野理論を踏まえれば経済史は自学自習でやれるのではないかと思ったのです。

しかし政治史の方は自学自習では心許ない。丸山真男さんの議論に関心もあったから、政治史の勉強は学校でやって、それを統合した日本近代史が出来ないかと思ったのです。ところが学士入学は、あとで聞いたら、学部時代の成績が極めて重要だとのこと。

実はろくな成績ではなかったのです。単位は卒論のほかに七二単位あれば卒業出来ましたが、私は七二単位きっちりなのです。しかも「良」がぞろぞろあって、「可」もあるという。

**大豆生田**　将来的には、どのようなお考えでいらしたのですか。

**高村**　その頃になると、やはり研究者を目指すしかないかなという感じでしたね。それで、当面、資本主義論争を解決する一つの鍵として、マニュファクチュア論争に決着をつけられたらと、それを実証的にやりたいと思ったのです。

**中村**　そちらが本流で、その法学部の方は。

**高村**　だから法学部を失敗した後に、やはり経済史をやろうと思ったわけ。ただ、経済学部を受けるのは、学士入学失敗の経験から垣根が高いと思った。やはり当然、学部時代の成績が問題になる。

卒論にしても「良」でした。僕は、下村冨士男先生、国史最初の近代史の先生で（五六年着任）、卒論の指導教官なのですが、授業をろくに取っていなかった。卒論も我流で、「大正後期の労働運動と社会主義」という題で、いわゆるアナ・ボル論争を取り上げました。当時の通説は、「正しいボルシェビキが勝ったのだ」というのだけれども、その過程で失われたものがあるのではないかということを書いたのです。口述の時に先生曰く、「卒論はアジビラではない」。

ところが、幸いといいますか、僕の浪人時代に、先生はミシガン大学に在外研究で、お留守だった。大学院の試験を受けた時に先生はおられないわけです。僕はもう国史の大学院一本に絞って、計画的に時間割を作って勉強をした（ただし都立大も受験した）。だから多分、ペーパーテストの点数は、僕が一番良かったのだろうと思います。先生達が迷って、指導教官が留守だから判断しかねるけれども、しょうがないから採っておこうということだったらしいのです。

そうしたら、年度が始まって、先生の帰国歓迎会があった。そこで、「いやあ君、就職決まったかね」、「大学院に入りました」、「えっ」。そのようなお付き合いの始まりでした。だからずっと修士論文の時まで疑惑が晴れなくて、先生の。「読んだら結構いいこと書いているが、何か丸写ししたんじゃないの」、「そんなことないです」、「私もね、昨日、総合図書館、ずっと調べてみたが、そういうものはなさそうだ」と言われて。ようやくその頃になって、それなりの評価を頂くことになった。

だから、六〇年の一月に羽田事件があって、岸訪米阻止の学生が沢山捕まって、大口さんも樺さんも。僕はそれどころじゃないわけだ、正直言って。一月半ばでしょう、あれは。

**中村**　試験の直前。

**高村**　試験の直前に捕まったら、もうアウトじゃないですか。それと、あの頃はすごく行き詰まっていたのです、運動が。デモが盛り上がらなくて。それで結局、指導部が全部現場に突っ込んでしまった。後詰めがいない。最終的に愛想が尽きたのはそれですね。このような組織に革命など出来るはずがない。ただ、その時は若手で残っている連中がしょぼくれているのを励まして、「方向としては間違っていない」と嘘を言って、元気が戻った頃にすーっと消えた。それが最後だったでしょうか。

## 初恋は

**老川**　では先生、最後に一つだけ。淡い話というのは、やはり小学校の時ですか。

**高村**　初恋はね、ちょっと可愛いなというのはあるけれども、一応少し付き合ったという意味では、高校の終りの頃だったでしょうか。三年生の頃、同期生でね。ただ何か、一度、デートとも言えないですが、百貨店で原爆展をやっているので誘って見に行ったことがあります。

**中村**　時代だ。

**高村**　そう。向こうはあまり関心がなかったと思うけれども。

それと正月に訪ねて行った、そのうちを。一人では勇気がないから、先ほど言った山口君、平賀君と。向こうは親父さんが出てきて、零細企業の町工場の主ね。兄貴も高津の先輩だったのか。そうすると極度に緊張してしまって、お茶をこぼしてしまった。それも二度もやったのです。早々に失礼した。それ以来、何かバツが悪い。結局、卒業して以来、全然会っていないですね。

**上山**　高校の時の同級会などはやっていらっしゃるのでしょう。

**高村**　同期会は毎年、大阪と東京とでありますが、大阪の会には還暦の時に行っただけで、会うことはなかったです。近年の噂では、息子さんが検事で、結構ばりばりやっているという話は聞いた。それぐらいです。

大学に入って、そうでした、同期の女子学生に惚れたのだけれども、あれは振られてしまった。向こうの方が体も大きい。女子ボート部なのだ。もてなかったですね。

**中村**　では大体このあたりで、また次によろしくお願いいたします。

## 二　大学院・東大社研・横浜国大

高村　私が大学院に入ったのは、一九六〇年の四月です。六二年四月にドクターコースに進んで、六五年の四月に東京大学社会科学研究所の助手になりました。そして助手一年半で、たまたま六六年十月に横浜国立大学の経済学部助教授になったのです。その辺の時代を話す前に、まず六〇年代中頃までの研究条件というか、研究を具体的にどのようにやっていたかということを、今とは随分違うと思うので、お話ししたいと思います。

上山　はい、そこからお願いします。

### 当時の研究条件

高村　例えば、史料を見て複写する場合にどのようにするか。もちろんゼロックスが大企業で使われていることは知っていましたが、我々には縁遠い存在で、普通複写する、ゼミの報告などで使うのは湿式の青焼きでした。ただ、厚いものは駄目なのです。

では、どうしたかというと、カメラを持って行って、撮影してくる。私は入学祝いに一眼レフのアサヒペンタックスを親に買ってもらいました。お金があまりないから、長巻きの一〇〇フィートのフィルムを買って、それを押し入れの中で切って、写真屋さんでもらってきた古いパトローネに、おおよそ三六コマ分ずつ手で巻くのです。現像されたフィルムも、貴重なものは焼き付けますが、普通は幻灯機を使って、部屋を暗くして襖や壁に写して、近くに行って見る。特に難しかったのは、銀行の当座預金の帳簿の黒字と赤字の識別でした。今のコピーやデジカメが夢のような時代でした。

それから、数値の計算ですけれども、基本的に算盤でやっていて、私は下手で、足し算・引き算はともかく、掛け算・割り算は出来ない。通常は計算尺ですね。ただ、活字になる時には三桁目に不安があるので、筆算をする。当時、オフィスなどにはタイガー計算機というものがあって、手で回す。割り算だと、チーンと鳴ったらまた逆に回して次の桁に行くというやり方です。社研の助手になった頃は電動式計算機が出回り出した頃で、それを電動にしたものでね。手で抱えるくらいなのだけれども、ガタガタ、ガタガタ動くわけです。社研でもそれは人気製品で、助手の間でも順番の取り合いがあったりしました。「答一発、カシオミニ」などという電卓時代は七〇年代からではないかと思います。かなり原始的なやり方をしていました。

## 紡績業史研究へ

**高村**　研究者達の関心は、当時、大学を卒業する頃は、大雑把に言うと市民革命の研究が主流ですね、世界史的には。日本については、封建社会解体期という観点の研究があって、関連してマニュファクチュア探しがあるのですが、それぞれが行き詰まっている時代ですね。

ですから、有名な話で、六〇年安保の直後、イギリス史の吉岡昭彦さんが、「今こそ資本主義そのものをやらねば」と書かれたことが画期的だと言われた。日本史についても、六一年の歴研大会で芝原拓自さんが明治維新を報告して、あとから考えたら井上清説の焼き直しと言うと言い過ぎですが、当時、興奮状態で多くの人が受け止めたというのは、本格的に日本の近代を扱わなければという気運がようやく高まってきたという、今考えたら不思議かもしれませんが、そのような状況だったと思います。

私自身は、当初はやはりマニュ論争に加わりたいという気があって、六〇年の夏、マスター一年の時は、泉大津、岸和田、泉佐野など史料探しをしたのです。郷土史家で産業史をやっておられる方に三人ぐらいお会いして色々と教わったり、旧家で木綿商をやった家などを訪ねたのですが、結局、史料には出会えなかった。貝塚に行っていれば帯谷商店にぶつかったかもしれませんが、知らないままに過ぎました。

それで途方に暮れて、秋かと思いますが、大阪市史の編集室に川端直正氏を訪ねました。どうも織物については分からない、ただ、「紡績なら、東洋紡に知り合いがいるから、紹介してあげてもいい」と言われたのが、実はきっかけなのです。

当時マニュ論争に関心があった証拠といいましょうか、私の書いた学術的文章で、初めて活字になったのが、修士の時の書評です。

**中村**　林英夫の『近世農村工業史の基礎過程』。

**高村**　はい。当時、『史学雑誌』の編集委員だった佐々木潤之介さんが、この本と、それから田村栄太郎の、本の名前は忘れてしまったけれども、その二冊をやってみないかと誘って下さった。そうしたら、林英夫だけで二〇枚が六〇枚になってしまって、駄目だと言われてから書き直そうと思って一応出したら、そのまま活字になったのです。著者からいい書評だとのはがきを頂いたり、それなりの反響はありました。

話を戻すと、紡績史料なら手掛りがあると聞いて、頭を切り替えて、当時でいえば「上からの道」をやってみようかと思って、堂島の東洋紡に行ったら、それは暮れぐらいだと思いますが、大阪紡の考課状ならあるということでした。当時考課状は、銀行史の人が使い始めていましたが、産業史の方ではまだだったように思うのですね。私も実物を初めて見て、結構記述が詳しいので、これは使えるのではないかと、その時に数年分を写真に撮らせてもらったのですね。そこから始めました。あとではもっともらしく説明していますが、要するに綿織物をやりたかったのだけれども、史料的に行き詰まって紡績になった。

紡績についての先行研究を見ると、どうもみんな結果論といいますかね。あとから見て、例えば、華族の資本が入っているから封建制がからみついているというような議論が多いのです。私としては、当時の状況の中で突然大規模な紡績会社が、しかも成功裏に出来たのは、非常に不思議なことではないか。それをどのように解明したらいいかということで、だんだん面白くなってきたというのが正直なところです。先行研究は、「不思議なことだ」という構えが全然ないということが、大いに不満だったのですね。

それで「成立期紡績業の構造」を修士論文で書きました。幸い、それなりの評価を頂いて、ドクターコースに入れてもらったということになります。

## 経済大学院のゼミ

**高村**　大学院に入った時、まず出てみたいと思ったのは、大内力ゼミと大塚久雄ゼミでした。当時、ともに隆盛の絶頂期で、両方に顔を出したけれども一度で撤退する羽目になりました。

大塚ゼミに行ったら、ちょうど『西洋経済史講座』全五巻が進行中だったのですね（六〇〜六二年刊）。ですから、各テーマの担当者も決まっているわけです。そこで端に立っていたのかな、いっぱいで。「こんなに取る人いるの？」と大塚先生にじろっと見られて、これはまずいと。当時の僕からすると、文学部の学生が経済学部に勉強に行くのは恐る恐るだったのです。

大内ゼミも覗いたら、『日本経済論』（六二〜六三年刊）の準備中で、柴垣和夫さんなどがみんなで分野を分担しているわけです、誰は財政などと。そこにまた覗きに行って、やはりこれは無理だと思った。

一方、国史の方はどうだったか。実は国史の近代には、先輩に佐藤誠三郎、伊藤隆、渡辺昭夫、鳥海靖さんなど、錚々たる人達がいて、近代史研究会があって入れてもらったのですが、毎週のように説教をされました。経済学部には本職の研究者が沢山いるから、早く頭を切り替えろ、政治史なら自分達が指導してやると。今の文学部三号館がある裏手に昔は藤棚があったのです、下にベンチがあって。毎週のようにそこに呼び出されて、特に熱心なのが佐藤さんで、心からの善意で説得されるのです。逆にこちらはますます意地になってね。でも、経済に行くといじけているわけです。

**中村**　山口和雄先生のゼミにお出になったのは、マスターに入った頃ですか。

**高村**　もうひとつ記憶がはっきりしないのですが、二年目からだったようです。当時はやはり非常に遠慮がちに、隅に座っているという感じだったと思います。紡績の報告をしたのも、論文を書いた後ではないかという気がします。マスターの時代は、ほとんど外部の人とも交流しないで史料と格闘していました。

石井寛治さんとは、彼は製糸業で、ひと夏、現地で自転車を調達して、史料探しに群馬各地を回っていたように思いますが、その頃は交流したという記憶がない。石井さんの回顧でも、私が紡績をやっているのは当初は知らなかったと言っているのです（『体験的』経済史研究」『日本経済史』六）。

記憶がはっきりしてくるのはもっと後、六三年度つまりドクター二年目なのですが、産業金融史の共同研究が始まっているのです。経済学部の関連組織の産業経済研究施設が出していた補助金をもらえることになって、共同研究に参加させてもらうようになってからです。山口ゼミでは、同学年に林玲子さん、石井寛治さん、一年下に村上（西村）はつさん、上の方だと土屋喬雄ゼミ以来の人で、水沼知一、杉山和雄、伊牟田敏充氏らですが、これらの人達は毎度必ず出てこられたのではなかったように思います。田付茉莉子さんは数年下です。

振り返ってみると、いじけた気持ちを持たずに経済関係の先生とお話し出来るようになったのは、修士論文を書いて、経済史について多少自信を持てるようになってからでした。

大内力先生に話を聞いてもらえるきっかけは、社研の加藤俊彦先生にお会いしてからでした。当時『国立銀行の研究』（六三年刊）の準備中で、加藤先生は第一銀行担当でした。私が第一銀行のことにも修士論文で触れているということを山口先生から聞かれて、見たいとのことで持って行ったのです、手書きのものを。そしたら、「案外具体的なことが少ないね」と。でも、それがきっかけになって、その研究会で一度報告しろということになって、社研だったと思うのですが、大内先生、戸原四郎さんらがおられ、そこで話させてもらったことがあって、少し自信が付きました。

## 国史の大学院生活

**大豆生田**　それで、少し文学部といいますか、国史の方をお伺いしたいと思います。先生は大学院に入られて、経済学部の方の授業に出られたとお聞きしましたが、文学部の方の授業はどうだったのですか。

**高村**　大学院の必要単位は少ないですから、下村ゼミ以外で記憶にあるのは岩生成一先生の講義です。岩生先生は大学院でも講義で、『御湯殿上日記』という近世初期の史料で長崎の状況などを教わりました。古島敏雄先生の「農業史特論」は少し聴講して、コスミンスキーのことなど記憶にありますが、やはりろくに出ず、一年上になった近世の大口勇次郎さんのノートにお世話になりました。

**鈴木**　大学院に入ってからは、下村先生のゼミというのは出席なさったのですか。

**高村**　ゼミは出ましたけれども、近代の先輩達は入れ代わりのように就職していて、近代は、一年上に伊藤隆、広瀬靖子さんがおられたのですが、どうも記憶にムラがあるのかゼミで一緒になった覚えがないのです。二年目でしょうか、図々しくも、一対一だけれども何とか居眠り出来ないかと企んでいた。研究室の奥の部屋で、ソファーの隅で頭を下げていたら、先生が乗り出してこられるのです。だから、大口さんを誘って一緒に出てもらうなど、水増しを考えた。ドクターコースになってからは、多分三年下に坂野潤治、中島（加藤）瑛子さんが入ってきた。

そのためにといいますか、「ふとん」の西川の社史を頼まれたのは、大口、坂野との三人でした。ドクター二年目ですが、下村先生が、その頃は大分関係もよくなって、半ば冗談で「これをやらないと単位やらないぞ」などと言われてね。近江八幡の本宅に二度ぐらい行って、めぼしい史料を取り分けて日本橋の本社に送ってもらい、そこに時々通いました。分担執筆して『西川４００年史』を書いて、坂野さんも頑張って書いているのです。西川の常務という人が、長命で最近になって亡くなりましたが、姫路高校で下村先生と同期生だったので、その縁で頼まれて、最初は西川隆造（のち甚五郎）

さん、下村先生と一緒に近江八幡へ行った。その因縁で、あそこに資料館が出来る際に発足した西川文化財団の理事を、最近まで務めていました。

研究室のことでは、六〇年の樺さんの事件をきっかけに、先に話したように研究室協議会というものを作ったのです。教官の方は、ちょうど世代交代期で、宝月圭吾、佐藤進一、下村の三先生は継続ですが、六一年春には岩生先生に代わって井上光貞先生、六二年春には坂本太郎先生に代わって尾藤正英先生が着任されました。

尾藤先生が名古屋から移って来られた時に、立場上、私が呼びかけて歓迎会を開いたのです。といっても地下にあった喫茶室「メトロ」でですが、結果的に私は非常に得をしたのです。というのは、当時国史の近世グループの中心は佐々木潤之助さんですが、尾藤先生とは論敵の関係でしたので、尾藤先生もかなり身構えて来られたと思うのです。しかしこれで気を良くされたのか、以後私は「いい人」に分類されるようになったようなのです。先生は、どうも第一印象で人を「いい人」「悪い人」に分類される傾向の方だったように思います。

## 農村史料調査会

**高村**　近世グループといえば、農村史料調査会にも参加させてもらいました。佐々木さんを中心に、毎年一、二度信州に史料調査に行っていたのです。トップは信州出身の宝月先生で、必ず一度は顔を出し、公民館での雑魚寝をともにされたりしていました。私は、六〇年の夏からだと思いますが、近世の先輩達と親しくなり、地方文書に触れるきっかけになりました。佐々木さんを中心に団結が固い反面、近代の眼からするといささか排他的という印象も持ちました。しかし、第一回参加の蔦木（中央線信濃境下車）調査で腹をこわした時は、先輩二人が、「ゲソなど食うからだ」（彼らは下村先生をゲソンと呼んでいた）と言いつつも、調査行きのついでに大阪の実家まで付き添ってくれました。

近世グループでは、もともと駒場歴研で一緒だった大口勇次郎さんに加えて、河内八郎、高木昭作、三鬼清一郎といった同世代の人達と親しくなりました。特に高木さんですね。彼は本来一年上ですが、駒場時代から東大新聞記者として知っていたし、将棋仲間にもなりました。ただ、僕は彼とは仲良かったけれども、喧嘩もしましてね。お互いに院生生活が終わりかけていた頃だと思います。飯山線信濃平のあたりに常磐村があって、地元のお寺の住職兼学校の先生が受け入れて下さり、再三調査に出かけていたのです。結局、河内さんが中心になって『村史ときわ』をまとめることになります。お寺の本堂で取っ組み合いをやって、組み敷かれたあげくに、腕に噛みついたり、バタバタ暴れて位牌を蹴飛ばしたりして、住職に大目玉を食いました。我ながらひどかった。

**中村**　なぜそこまで激しくやったのですか。

**高村**　彼が婚約したと聞いて、ねたましかったのです。こちらはもてないから。

## 対人関係

**上山**　先生は、関係がまずいというような方は、あまりいらっしゃらなかったのですか。それほど敵は作られなかったということですか。

**高村**　私はやはり商売人の子供だから、余計な敵は作らないということがあるのかもしれない。特に研究者養成を課題にするようになってからは、彼らの就職を意識しますから、いわば「全方位外交」を意識するようになりました。一方では、人間を多面的に見たいという気持ちがずっとありました。よく全部一緒になってしまう見方があるでしょう。「あいつは変なやつだから、業績も駄目に違いない」など、それは分けなければいけない。

**老川**　お話しを聞いていてふと思ったのですけれども、労農派といいますか、宇野派といわれていて、講座派の人達とも非常に緊密に研究会をやってこられたというのは、先生ぐらいではないでしょうか。

**高村**　我々の世代は、実証を抜きに最初に理論ありきというのはもうやめましょうという、それは相互にあったと思う。その前に不毛な論争が沢山あったでしょう。それをぶり返したくないということが結構あったように思いますね、共通の前提として。ですから、それで色分けして排除するということは、あまりない時代。それから一方では、隆盛と言ったけれども、やはり共産党の権威ががたっと落ちてしまった時代ですから、そのような意味では、絶対的な権威はなかったということですね。ですから、みんなが自分なりに考えるしかない時代だった。今でもそうかもしれませんけれども。

## 明治史研究会と歴史学研究会

**高村**　それから、研究会は、これも最初はやはり修士論文を書き終わってからだと思うのです、ほかの人と交流しようと思ったのは。中村政則さんの家を訪ねて行ったことがあるのです。ある後輩から噂を聞いて、新宿の、当時の浄水場の近く、十二社ですか。彼は二階の勉強部屋にいて、山梨県の統計書を見ていて、なぜか銀行類似会社と製糸場と、両方多い。これは関係があるのではないかと思って調べているのだという話で、面白いことをやっているなと思った。それまでの銀行類似会社研究は、高利貸業というイメージで産業とは敵対的に見ていたので、新鮮な感じを持ったのです。

その頃から少し周りの人と付き合い始めた。六二年の四月にドクターコースに入りますから、一応、半人前ぐらいにはなるわけです。ですから、色々とお呼びもかかってくるのですが、当時、歴史学研究会の委員長は遠山茂樹先生で、佐藤誠三郎さんは、当時は遠山さんともある程度交流があったのですね。佐藤さんは、卒論は地租改正だったそうで、『日本金融史資料　明治・大正編』を譲ってもらったことがあります。

**上山**　そうだったのですか。

**高村**　要するに当時、歴研と東大国史は疎遠だったのですが、佐藤さんがその橋渡しをしようとした。

『歴史学研究』六三年七月号に、岩波講座『日本歴史』近代部分の書評が、伊藤隆・佐藤誠三郎・高村直助・鳥海靖の連名で掲載されていますが、やはり佐藤さん中心にまとめられたものです。その佐藤さんが言うには、遠山さんが東大国史の協力を望んでおられるので、委員を引き受けろと。

六二年の五月から、実は一年間で辞めてしまうのですが、委員になりまして、当時は錚々たる人達がいた。板垣雄三さんや、女房が学生時代にお世話になった先生で清水知久さん、『アメリカ帝国』を時代に先駆けて出して、ベトナム反戦運動でアメリカに行けなくなった人。インド史の中村平治さんなどという人達だったのです。

それより少し前に、何人かの人と明治史研究会を作った。当時は一世代、二世代前の人達がガリ版で『明治史料』を作っている時代です。寂しい時代で、同世代の研究者がいると聞くと先の中村さんのように訪ねて行ったりする。後の時代のように、どこかのゼミに色々な人が来るということでもなかったですね。

僕の明治史研究会ノートは記載は六月からで、非常にわがままなノートで、経済関係の報告のことしか書いていない。実際は、当時国会図書館勤務の有泉貞夫さん、藤原昭夫さんなどが積極的でした。『明治史料』の末端に加わっている人が、世代的に多少自立化したとも言える。

**中村**　明治史料研究会というものがあったのですか。

**高村**　明治史料研究連絡会。小型の史料叢書を数冊刊行していた。その若手グループがやや活性化して、独自に動き始めたと言った方がいいかもしれません。そうしたら、そのうちに私が歴研の委員になりました。当時、産業革命期をきちんとやろうという気運がようやく出てきて、西洋担当の委員の米川伸一さんが、「産業資本期」をやろうと言い出した。では、日本もということになり、明治史研究会がだんだんその準備会のようになってくるのです。

結局、大石嘉一郎さんが六三年度歴研大会で報告されるのですが、そこに向かって六月二十七日が最初なのです、僕のノートは。その時は石井寛治さんと中村さんが製糸業の研究史の報告、九月には水沼知一さんが横浜正金銀行の報告をしている。その後は、毎月か、もっとやっていた。それで、六三年四月になって「大会準備会」と書いてあって、出席者は加藤幸三郎、岩崎宏之、中村、石井、村上。斎藤さんというのは早稲田にいた。

**老川**　斎藤博さんですか。質屋など、庶民金融の研究をされていた人ですね。

**高村**　そう。結局、大会直前に大石さんが出席して、報告をされているのですね（五月十七日）。ですから、だんだん大会準備会のようになって、大会が終わったところでノートが途切れてしまっている。これは「一」と書いてあるから、二もあったと思いますが、その後実は日本産業革命研究会が出来て、こちらはだんだん置き去りになって、消滅してしまった。政治史の人達には申し訳ない結果になっているのですが、活性化の一つの場はこれだったと思います。

それで、歴研の委員をしていて、準備はしていたのですが、六三年の春になって遠山委員長に、「ちょっと君、大石さんに会ってこい」と言われたのです。要するに、例によって遅いですから、レジュメなどを送ってこないのです。

**上山**　大石先生が、ですね。

**高村**　そう。ですから、四月になってからだったと思いますけれども、福島まで行ったのです。当時は新幹線もないから、夜行で行ったのではないか。朝早く着いて時間を潰して、そして、あれは何電鉄というのか、保原というところなのですが、お宅を訪ねたらお留守で、待っていたのです。掛け軸があって、ご先祖の肖像画がある。豪農というのはこのようなものかと思った。隣が、元は味噌醸造をやっておられた別棟で、それが「上昇転化」というべきかパチンコ屋に貸してあった。

そして、大石さんが帰って来られて、初めて会ったら、最近、歴研の論文のレベルは下がっているとのお叱りで、一生懸命弁解したことを覚えています。

**中村**　一人で行かれたのですか。

**高村**　そうです。それが、実は私が辞めるきっかけにもなりまして。けちなことですが、帰ってきたら交通費をくれない。結局、片道だけ出すという。手弁当式もいいけれども、貧乏学生には半額負担は辛いなと思って、このような組織には付き合い切れないと。それで一年で辞めて、あとは石井寛治さんが引き継いでくれて、彼はきちんと任期二年を務めたと思います。

## 産業革命研究会

**高村**　そして、産業革命研究会のことです。歴研大会の後の秋ですね。たまたま本郷郵便局で大石さんとばったり会いまして、「今度、社研に来ることになった」と聞きました（年末着任）。明治史研究会をやっていた我々経済関係の連中は、非常に期待したわけです、大石さんが来られるので研究会を作ろうと。一番熱心だったのが水沼知一さんで、初期の幹事をやられた。

産業革命研究会発足は六四年四月。時々書いて、一日だけ書いて数年空いたりしているノートに記しているのです。四月一日に「大口助手就任」と大口さんが国史の助手になったことに続けて、「産革研第一回の集まりに出る」、「違和感しきり」と記している。やはり皆さん講座派で、私以外の人はそうなのだなということがあったのだと思います。

**中村**　「違和感しきり」というのは、一回目の研究会の内容と関係しているということですか。

**高村**　これは、打ち合わせだったのではないかと思います。どのような観点からやるかで、何度か話し合って三本柱ということになるのですね。国際的契機と国内的要因、資本制と地主制、それから国家と経済。

「違和感」とは、みんなが口にする用語についてではないか。先に宇野・大塚両派の全盛期と言いましたが、用語も違っていました。活字になった最初の論文の最後に、紡績会社の叢生について「いわゆる『商人資本の産業資本への転化』の社会的進行の姿であった」と書いたら、山口ゼミの先輩から、安易に商人資本と言わない方がよいという、好意的忠告を頂いたことがありました。一種の宇野派宣言のように受け取られるということだったのでしょう。近年は、大塚理論継承を唱えながら「商人資本」と言う人がいるなど、隔世の感があります。「前期的資本」はどうなったのか。

**中村**　では、すでにその頃には、講座派に対して、そのような感じをお持ちだったということですね。いつぐらいからですか。

**高村**　理論的には、浪人時代に宇野さんの本を読み込んでからです。感覚的にはむしろ早くて、革命論争というものがあって。共産党の綱領論争ね。あそこで、民主主義革命がまだ必要、ブルジョア革命をやらなければいけないということがあるでしょう。現実の運動に関わるなかで、目指すべき革命は社会主義革命ではないというのは「おかしい」と。

**中村**　それがベースにあって、講座派・労農派というと、学問的にはやはり労農派の考え方の方がいいというような感じになられたということですか。

**高村**　そうですね。ただ、いわゆる労農派は、ほとんど実証的な研究はやっていなかったのです。大学院に入る頃から感じるようになったことですが。宇野派はいいのかというと、大内さんを含めてそうですけれども。要するに簡単に言ってしまうと、講座派は、資本論を当てはめて「日本はおかしい」と言っている。宇野さんは、原理論である資本論と段階論である帝国主義論とはレベルが違うのだと言ったのが特徴でしょう。

　それは賛成なのですが、帝国主義論は、現状分析に際して「念頭に置くべきもの」と宇野さんは言っているのだけれども、多くの段階論論者は、帝国主義論をいわば「適用」すれば説明出来るという議論になっている。特に大内力さんはそうですが、日本の明治・大正辺りを見ていると、資本主義である以上、自由主義段階的な傾向があるはずだ。しかし、後発国であるから、帝国主義的な特徴を持つのも当然だと、二つの基準で両方を説明してしまうわけです、全てね。私としてはそうではなくて、あとからそれを見て裁断するのではなくて、両側面を持ったような実態がそれ自体運動して、展開して出来ているはずなので、それを押さえないで外側から基準を当てはめて議論するというのは、ある意味で講座派と同じではないかという疑問があったのです。

その点ではむしろ、積極的に賛成したわけではないけれども、ヒントになったのは野呂栄太郎ですね。『日本資本主義発達史』に魅力を感じたのは、矛盾があって発展がある。発展があって、その中から新しい矛盾が出てくる。そのような、弁証法的というか、ダイナミックなプロセスとして歴史を考えようとしている。実際に成功しているかどうかはともかくとして、そのような捉え方ですね。

僕なりの別な言い方をすると、同時代の目線に立った上で、そこから展開して行くダイナミクスを解明することで、よく言われる特殊性や矛盾というものも初めて分かってくるのではないだろうかという発想が、やはり大学院の頃からだんだん出てきたと、自分では思っています。

**中村**　研究会の中で、大石先生や石井先生達と随分議論をされていたのですか。方向性といいますか、そのような議論はされていたのですね。

**高村**　そうですね。それは、別に妥協はした覚えはないけれども、ただ、「お前は段階論が分かっていない」というような議論はしたことはなかった。あくまで実証レベルで、実態をどのように論理的に、理論的に解釈するかということでやってきましたので、お互いに両立出来たのだと思いますね。大石さんなどは非常に幅があって、違っていることは分かりながら、それを許してくれた。言われるとこちらも反論しますからね、「半封建制って何ですか」と。それ自体が封建的なのか、半封建制というウクラードがあるのかなど、色々やりました。

**中村**　先ほど、中村政則先生や石井寛治先生と一緒に調査に行ったりされたということですが、やはりそのお三方は、同世代としては常に同じ行動をされていたと考えていいのでしょうか。研究会も結構共通しているということですか。

**高村**　同世代の経済史はほかにいなかった。上には教育大ＯＢが三人いて、加藤幸三郎、小林正彬、藤井光男さん、この人達が五年ぐらい上。東大農業経済出身の海野福寿さんも同じくらい。ですから、世代が少し違うという意識があるし、下もほとんどいなかった。西村はつさんなどは年は僕より上ですけれども、議論をする同世代の人は、ほかにいなかったように思います、経済史に関しては。

ですから、お互いに「違うな」と思いながら付き合っている。そのうちに大石さん辺りが、「三羽がらす」などと言い出したのです。

## 東大社研助手

**高村**　ところで、自分自身の研究ですが、修論は幸い結構評判は良かったものの、ドクターに入ってから、一時行き詰まってしまったのですね。大阪紡績の成立をやったから、今度は展開をやろうと思っていたのですが、ちっともうまく行かないのです。一年半ぐらい、沢山グラフを描いたり、屑を沢山作ってしまったのですが、ちっとも展開しない。ある時ふと分かったのですが、要するに、大阪紡績は次の時期はもう典型ではない、リーダーではなくなったのだと。気付くのに結構時間がかかりました。

そこで今度は、主要な紡績会社をグループとして、確立、展開を捉えてはどうか。見通しとしては、流通過程から収奪することで独占段階に入るというシェーマを考えたのですね。それが東大社会科学研究所助手の応募論文で、その後活字になっているものです。

実は六四年度というのはドクター三年目なのですが、私には結構悩ましい時期でした。というのは、石井・中村両氏は同学年だけれども、二人とも早々に助手に内定していたのです。それぞれ東大と一橋の経済学部に。私だけ何の当てもない。しかも、父親がこの年に亡くなりました。

ちょうど私が修論を書いている頃に、胃がんと食道がんを併発して、六一年の暮れに千葉大学で手術を受けました。当時日本で胃の全摘手術を出来るのは、千葉大学の中山恒明医師しかいなかった。成功率五〇％と言われたのですが、手術は成功して一応回復しましたが、やはり転移していて、結局六四年の十一月に亡くなるのです。

当時の稼ぎといえば、ドクターの一年目から、国史の先輩からバトンタッチして学芸大学付属竹早中学の非常勤講師をして、週二日八時間で六千円ではなかったか。その頃有難かったのは、山口先生が横浜市史に声をかけて下さって、十一月からですか、ちょうど父親が死ぬ頃に編集調査員になって、月に六千円頂くことになったのです。それでもまだ若干仕送りを受けていたのですが、しかし、オーバードクターという余裕はないだろうと、かなり焦っていたのですね。

産業革命研究会が発足してしばらく後、石井さんが僕に、大石さんが、社研で助手を募集するのだが、「高村君、応募する気ないかな」と言っておられたというのですね。それで、これだと思って、一生懸命書いて幸い採用して頂いた。あとで考えると、色々な方に引っ張ってもらったのだなと思います。ですから、その前に父親が死んでしまったので伝えられなかったのは残念でしたが、結果的には非常に順調に行きました。

**中村**　助手の話に入らせて下さい。

**高村**　助手になって、「本邦経済」という部門所属で、形としては安良城盛昭さんの下に付く。大石さんは「本邦財政」でした。給料をもらえて、しかも特段の日常的な義務はなく研究していればよいというのは、夢のように感じました。ただし、助手論文を非常に意識していました。三年任期で、最後の一年は猶予期間ということで、助手の任期末に論文を所長に提出することになっていました。

応募論文の時には「流通過程からの収奪」という観点でまとめたのですが、もっと内容を豊富にして、六大紡それぞれが個性を持ちながら、確立、展開して行く過程を多面的に捉えたい。また構造変化の画期として恐慌を取り上げて、経済全体との関連を見通したい。

紡績業と恐慌の関係については、前提に宇野『恐慌論』がありましたが、紡績の時期区分と日本資本主義の時期区分を重ね合わせるような形で議論出来ないかと思ったのですね。長岡新吉さんの『明治恐慌史序説』が出るのは七一年ですが、そのもとになる論文が発表されつつあって、それに刺激された面も強かった。恐慌を画期としながら、紡績業の再生産のあり方と経済全体の中での位置の変化を捉えたいと準備は進めていました。

それから、当時の社研の助手です。柴垣和夫さんはちょうど助教授になられた時で、間もなく『日本金融資本分析』を刊行された。「君も、もうちょっと段階論を勉強すればよくなる」と声をかけてもらったこともある。林健久氏は「租税国家」という観点から明治前期財政に取り組んでおられた。政治では、先輩の伊藤隆さんが、関係者に問い合わせの手紙を出すなど、現代史の史料収集を精力的に進めておられた。西洋関係では石坂昭雄さん、和田春樹さん、それとアメリカ研究の佐々木隆雄さんが確か同期で三階の研究室に同居していました。

組合では、柴垣委員長、高村書記長という時期がありましたが、ある助手の処遇について本部に掛け合いに行ったことくらいでした。助研会という助手の会もありました。要求を持って高橋幸八郎所長に会いに行ったら、逆に、君達さっぱり飲みに誘いに来ないのはどういうことだと、いなされたりしました。

## 横浜国立大学へ

**高村**　それから、横浜国大に行くいきさつも言っておくと、国大に高橋幸八郎門下でフランス経済史の遠藤輝明さんがおられて、安良城さんに「誰か日本経済史の若手いないか」という話をされていた。

実は当初推薦されていたのは水沼さんなのですね。

あとで分かったのだけれども、国大経済学部での序列は、講座制ではないので全員が原則年齢順。ところが、僕が思った以上に水沼さんは年を取っていて、あの人は早稲田を一度出てから東大に来たのかな。ですから、もう三十代後半だったのですね。その辺が入ってしまうと、助教授筆頭に近くなって、若い人達が影響を受けてしまう。それで、一人だけでは話を進めにくいから、第二候補を出してくれと言われ、知らないうちに私の名前が出ていた。

そうしたら、「こっちの方ならいい」ということになってしまったわけです。まだろくに論文のなかった私にとっては大変幸運で、六六年の十月、三十歳の誕生日の直前に赴任しました。ですから、非常にラッキーだったと思います。

ただ、それで水沼さんと安良城さんの間がまずくなってしまい、水沼さんが産業革命研究会を辞める（六七年）一因になったと思います。それから、安良城さんも、所内での問題があって七二年に社研を辞められますが、その頃に研究会も辞めてしまわれたのです。

## 当時の資本主義イメージ

**高村**　先ほどの講座派のことで思い出したことを言っておきますと、やはり日本の資本主義は偽物だという意識が結構あったのです。本物ではないという意識があった。六〇年代半ばだと思うのですが、諏訪に調査に行った帰りに話をしたことがある。その頃まで高度成長期の前半というのは、好景気が続いたら輸入が増えて国際収支が赤字になって、金融引き締めでバタンと行く、これの繰り返しだった。それが一見、崩壊の前兆のようにも見えたわけです。中村さん、石井さんは、重工業の定着には懐疑的でした。私は、紡績業の前例があるから、重工業も、輸入技術の習得と低賃金の組み合わせで国際競争力を持つのではないかと考えていました。

**上山**　石井さんには、やはり日本の資本主義はまともな資本主義ではないという認識が、ずっとあるのではないですか。

**高村**　石井さんはね、日本は低賃金依存で技術教育は歴史的に駄目だから、重工業は無理だと言っていました。それから、もっと激しいのは、大塚久雄さん。二面性があって、いわゆる下からの資本主義は日本にもあったと言う面と、偽物だということと、両面あるのです。偽物説で非常に印象的なのは、あれは何年だろう。外国に行って、帰りにサウジアラビアに寄って来られたのです。「日本はこと同じだ」と。要するに、資本主義セクターはあるが、経済・社会の一局部に過ぎないという評価ですね。

それから、あとの話になってしまいますが、岩波の日本歴史の講座に独占資本を書けと言われた。刊行は七五年ですが、その準備会で旅館に集まって、もちろん大石さんが編集担当で、石井さん、原朗さん、水沼さん。僕は恐る恐る独占資本の構想を話しました。当時としてはかなり異質の議論なのですが、水沼さんが隣にいて、僕が話すごとにため息をつくのです。話し終わったら、不思議そうな顔をして、「君は、本当に日本に資本主義が出来たと思っているのか」と言われた。そのような感じがずっとあるのです、偽物だという。

最近になっても、「政治的資本主義」といった概念が提示されていますが、内容をきちんと説明されないと、偽物説の再来になってしまうのではないでしょうか。

**中村**　産業革命研究会は、この時期、つまり助手の間も続いていたのですね。

**高村**　はい、もちろん。そちらは月に二回ぐらいやっていましたけれども、必ず飲むし、楽しくやって、大石さんも楽しかったと思います。ただ、そうだ。安良城さんが、辞める前にだんだんと大石批判が強くなってきて、要するに大石さんは、人の論文を読んで議論しているが、史料を読まなければだめだと。僕も少し悪乗りして、統一的把握といっても、より高次の視点を設定した上ならともかく、対立者達の土俵を否定しないままでは折衷に終わるのではなどと、色々と言いたいことを言ったけれども、怒らない人だから有難かったです。

**中村**　産業金融史研究会は、この時期もまだ続いているわけですね。

**高村**　そうです。こちらは実証的に山口先生らしく進められて、調査に行けたことが大きかったです。産経研のお金をもらって中村・石井・高村で諏訪に調査に行ったり、私自身は紡績の調査で随分お世話になりました。方法論議よりは、史料調査をして、それを報告して本を作るということですね。

山口先生とご一緒したのは、大阪の鐘紡や紡績協会、愛知県半田の肥料問屋万三商店、九州直方の麻生など。麻生では、石井さんと組んで史料を撮ったのですが、室内温度四〇度だったことを覚えています。

先生が偉いのは、そのような時に全然愚痴を言われないのです。もうお歳でしょう、しかし「暑い」などとは言われないから、これはすごいなと思った。それから、出先で色々な人に質問をされる。答えに納得出来ないと同じことを聞かれるのです。三回ぐらい同じ質問をされることもあった。

山口先生には色々と本当にお世話になって、その後も。いつ頃からか正月三日にいつもお宅におじゃまするようになって、十数年でしょうか、続きましたね。

この山口先生を中心とする研究会は、先生が定年（六七年）で明治大学に移られてからも、経済学部の資料室で続いていました。産業金融史の三部作が完結（七四年）した後も、先生が創価大学に移られた（七七年）後まで。先生は、府県統計書を分析された『明治前期の日本経済』の続編を作りたいというお気持ちがあったのです。その前提という位置づけで、流通史の史料集を作り始めて、それで日本経済評論社の谷口京延さんとも知り合うことになったのです。

**中村**　この時期、院生から助手にかけて、他の研究会や学会活動というのは何かあったのでしょうか。

**高村**　助手時代だったかと思いますが、地方金融史研究会に参加させて頂きました。金融史の研究史とか渋谷隆一さんの宇野派理論とか、色々勉強になりました。しかし、自分が地方金融史そのもので論文を書くことはないと思ったので、数年で退会しました。ところが、後で日経賞を受賞した時、皆さんからお祝いを頂いて、大変恐縮しました。

史学会は、社研の助手になって間もない六月に編集委員になっています。助手になったことが前提になって依頼されたのではないでしょうか。仕事としては、ほかもそうでしょうけれども、投稿論文の審査と書評の依頼ですね。一番問題なのは、「回顧と展望」の中心になる人を探すという、これが一番の難題で、皆さんご経験はあると思いますけれども。「官学アカデミズムにはどうも」と断わられたこともありました。

## 横浜国大時代

**中村**　さて、横浜国大では、日本経済史担当は先生が初めてだったのですか。

**高村**　非常勤で、細貝大次郎という地主制の先生が来ておられたのですが、専任は最初です。推薦されたいきさつは先ほど話しましたが、そのことを含めて国大への異動には、大変な幸運がつきまとっていました。経済学部長の長洲一二さんが、もらい受けの挨拶に遠藤輝明さんと来て下さり、社研所長は高橋幸八郎さんで、ご贔屓の料亭「松好」で宴会があり、しかも、同席した安良城さんが、「高村君なら、近世も大丈夫」と長洲さんに請け合ってくれたのです。

それから、遠藤さんは横浜高商出身で、非常に愛校心の強い人で、何とか定着させたいという気持ちが強かったのだと思いますが、学部長に掛け合って、一年間は授業を持たせないことにしてしまった。ですから、結局、六六年秋に行って、一年半何もない、その意味では助手のまま任期いっぱい研究出来たのと同じ結果になったのです。その間一年、大石さんの計らいで、社研の非常勤講師もやり、何もしないで多少お金を頂いた。それぞれ、未熟者に研究させようという配慮だったのですね。そのような条件の中で助手論文が書けたのです。

国大で正規に授業したのはわずか二年間です。日本経済史の講義で今でも覚えているのは、大内力先生の息子さん丘《たかし》君が、大教室の最前列にいつもいて、頬杖をついて聴いている。時々にやっとしたりしてね。彼は三菱重工に就職したと思いますが、どうしていますか。田付茉莉子さんの弟ですね。

実は、学生時代から夜更かし朝寝坊の習慣が付いてしまっていて、ちゃんと出勤出来るか自信がなかった。最初の入試の時、朝早いので不安があって、目覚まし代わりに日吉のアパートに母親に数日来てもらったことがありました。以後、夜更かしはやめたけれども、朝早いのは未だに苦手です。

## 学園紛争

**高村**　一九六八年を画期に大学紛争の時代に入りますが、国大は学生運動は盛んでしたが、それは原子力潜水艦横須賀寄港反対など政治運動の方で、大学当局が攻撃対象になるとは思っていなかった。所帯が小さくて、学生も教師もお互いに顔が分かる関係なのです。ですから、東大とは違うとみんな言っていたわけです。

ところが、六九年一月安田講堂事件が起こって急に、「俺達もやらなきゃ」ということになり、バリケードで校舎を封鎖するバリ・ストになってしまって、十月までです。この間は、私と同年の岸本重陳氏の二人が、学部長補佐ともいわない、要するに頼りないボディガードだった。

**中村**　お二人が一番若かったわけですね。

**高村**　そう。時々学部長を拉致しに来るのです、大衆団交に出て来いと。「駄目々々」と言うと、「じゃあ、お前も一緒に来い」と連れて行かれるなど、色々なことがありました。バリ・スト中は、時々正門前に行って誰かを呼び出し、火の用心だけはしっかりしろと言うのですが、一〇回くらいも小火騒ぎが起こったり、備品が質屋から出てきたりした。十月末に機動隊が入った後も揉めて、授業がなかなか再開出来ない。あからさまに暴行はしないのだけれども、揉み合ってボタンがちぎれてしまう。

横浜国大というのは当時、二期校のトップで、みんなよく出来る。鋭いのだけれども、ただ、暗い。みんな挫折感を持っている。ですから、過激な方向に走りやすい状況があった。

ゼミ生の中には、東大の秩父宮ラグビー場事件というのがありますけれども、「確認書」を取り交わすということで、それを粉砕するために出掛けて行って捕まったあげく、保釈の時に僕を身元引受人に指名した者がいた。東京地裁に呼び出されて、「窮鳥懐に入らば」だと請け出してきたら、今度は行動隊長になって、キャンパスを駆け巡っていた。

授業には来なくて、夜、家にやって来て議論をぶつ者もいた。マンションに引っ越す前の晩にやって来て、準備を手伝わないどころか、カレーか何かを食べて夜遅くまで議論している。あとは荷造りが大変で、徹夜になって、女房が大変だったと思いますけれども。また、バリ・ストを契機に色んな仕事をする者がいて、なかにはホテルニューグランドでベルボーイのバイトをしていたゼミ生もいました。

**老川**　ゼミの学生は何人ぐらいいたのですか。

**高村**　ゼミは、一学年一〇人以下ですね。人気があるのは、やはり長洲ゼミなのです。日本のことをやっているのは、長洲さんと私だけだった。作家の沢木耕太郎は、長洲ゼミに落ちて、行くとしたらもう一人しかいないけれども、そこには行きたくないから、長洲さんにお百度を踏んで入れてもらったと書いているという。第一志望で来た人は少ない。一期目では長島修君だけです。あとはみんな長洲ゼミや宮崎義一ゼミに、定員オーバーで落ちたというのが来るわけです。仕方がなくて歴史をやるという者達です。ですから、学者になったのは、その最初の長島君だけですね。

長島君は僕が辞める時に卒業して、一年浪人して京大の大学院に入った。辞める時の研究室の荷物整理を手伝ってくれたことは覚えています。卒論は朝鮮の植民地化のインフラ整備でしたが、大人しい学生でした。

**中村**　前に、国大の教授会が開けなくて転々とされていたというお話を伺ったことがあります。

**高村**　それはバリ・ストの時期ですね。野毛の八百屋さんの二階に事務所を置いてガリ版を刷ったり、郵送でレポートを書かせたり。開港記念会館の近くでマンションの一室を借りて教授会を開いたりした。

教授会は、経営学部が分離したので、二〇人いなかったのです。ですからそのような部屋でも出来た。六九年には教授会を六〇回位やっています。出来ることがないから、集まって情報交換する。しかし節目の時には、学生は教授会を妨害しようと思って、駅に見張りを立てる。横浜駅と桜木町と関内と。必ず誰かがお供を連れて来るのです、付けられてしまって。バリ・スト中の入試を、相鉄沿線の希望ヶ丘高校でやったこともある。その時僕は教務副委員長で、答案の運び役をしたこともあります。

**中村**　国大の二〜三年間というのは、学生運動と向き合う日々だったということですね。かつてご自身が運動をやられた時とのつながりは、何かありましたか。

**高村**　攻守所を替えということになりましたが、立場は変わったとはいえ、一〇〇％学生をやっつける気にはならない。ある程度分かる部分はある。向こうもよく知っていて、箸にも棒にもかからない人は相手にしないわけです。議論に乗ってくれそうな者を選んでやって来る。死んだ者が何人かいます、幸いゼミ生ではいませんが、連合赤軍事件などで。自治会の書記長がアパートに来て、建国記念日反対集会の講演を依頼された。セクトの集まりだから断わりましたが、あとで、板橋のポリボックスに拳銃を奪いに押し入って、逆に射殺された。例の浅間山荘事件でも、国大生が二人ぐらいいたのですね。やはり若さの思い込みで、ある意味で可哀想だと思います。

しかし、赤軍派などに行ってしまった者は別として、騒いだ学生達も、ぎりぎり年度末になっても商社か市役所に行けば、即採用してもらえる、そういう時代でした。

## 結婚のこと

**中村**　ここで、奥さんとの関係についてお伺いしたいと思います。

**高村**　先ほどの助手論文、『社会科学研究』に論文が出る時に、巻末の英文レジュメを担当したのが翻訳助手だった彼女なのです。彼女は日本女子大卒ですが、その頃、アメリカ研究という、学科ではなくコースでしょうが、東大の教養学科の真似をして、人も同じで、中屋健一氏の肝いりで出来た、そこを出たのです。そこにアメリカから、政治思想史のケッチャム教授が来ていて、その人が女子大と津田の卒業生を呼んでくれたのです。シラキュース大学の先生で、そのマスターコースに在学させて、自分の家にホームステイさせる。交換条件は子供の面倒、ベビーシッターをする。それで数人行っているのです。今でもその経験者が、しばしば「女子会」をするなど仲良く付き合っていて、津田塾の学長をこの前までやっていた飯野正子さんもそうですが、五〜六人仲間がいるのです。二年間だからいつも二人ずつぐらいいたようです。

それで、マスターコースを終わって帰って来た時に、女房の指導教授で南部史の井手義光先生が、社研の石田雄先生から翻訳担当の助手を探していると言われていた。それで話がまとまって就職した。ですから、レジュメを作るのはその担当なのです。それで何度か顔を合わせて、気に入って、住所が分からないから、大石さんに口実を設けて職員住所録を見せてもらって、年賀状を出したりして接近を図ったということです。

**中村**　何年ぐらいそのような努力をされたのですか。

**高村**　六八年の年賀状の後、三月末には婚約したのです。

**中村**　助手の時ですか。

**高村**　いえ、横浜国大に行ってから。結婚したのは六八年秋で、媒酌は学部長の長洲夫妻にお願いしました。これは、付き合い出してから分かったことですが、女房の父親は、横浜船渠技師の子で、横浜工高を出て日揮生え抜きの技術屋だったのです。新婚間もなく、独立アルジェリア最初の石油プラント建設の責任者として、何回も出かけていました。最近事件で犠牲になった人と同じ副社長の肩書きでした。

## 転職のいきさつ

**高村**　先ほど話したノートですが、産業革命研究会の最初のことから、七〇年に飛んでいる。七〇年の二月十六日に遠藤さんから、東大の井上光貞先生が打診して来られたと伝えられた、と記している。「正直言って五分五分の感じ」、「大いに迷う」、「一週間のうちに返事しろというけれど、それは無理だ」と書いている。そこにメモが挟んであって、「国大　東大」と書いて、色々な要素につきどちらがいいか。

**上山**　貴重な記録ですね。

**高村**　研究室、図書、コピー設備など、これはどちらも国大の方がいいと。ゲル、お金の方は何とも書いていない。大いに迷って、なかなか返事をしなかったのです。どちらも紛争校で先行きの見通しが分からなかった。文学部は前年十月に授業再開したものの、揉め事が続いていて、研究室再開はこの七〇年の四月だったようです。

三月だったでしょう、井上先生に呼び出されました。先生はご先祖井上馨ゆかりの六本木の国際文化会館が好きなのです。実は迷っていると言ったら、「一度石井君と話してみたら」と言われて、しばらく後、当時専任講師から助教授になったばかり石井進さんの家を訪ねて、半日おじゃましてしまって、図々しくもウイスキーを一本空けてしまった。結局、返事したのは六月だったと思うのです。

一つまずいことがありました。最初はこの年度から来い、専任が無理なら非常勤でもという話でした。ところが、七〇年度は私は社研に内地留学だったのです。内地留学中は、非常勤でも兼務はまずいでしょう。ですから、内地留学を途中で辞退しようと思って経済学部事務長に話したら、国大ごときでそのようなことをやったら、今後割り当てがもらえなくなるという返事です。

その頃、前年三月に定年で東海大に行かれていた下村先生が体調を崩されて、間もなく亡くなるのですが、非常勤を頼まれました。そのような事情で断わったのですが、非常に困っておられるのが電話でもありありと分かったので、申し訳ない思いでした。

行くかどうか本当に悩んで、東大が一流大学ではなくなる可能性がかなりあると思ったのですね。

国大も当時紛争で有名でしたし。しかし結局、母校に呼ばれたからということが最大の理由でしょうか。「迷った時、自分なら変化の方を選ぶ」と女房に言われたことも一因です。結局、最終的に思ったのは、断ったら、「俺は東大を振ったのだ」と自慢して人生を送るのではないか、ということでした。国大には当初「骨を埋める覚悟です」などと言いながら、四年半で転職してしまいました。あと二年間非常勤はやりましたが。

七一年四月に伊藤隆さんと同時に助教授として東大文学部国史学科に赴任するのですが、当時近代二人ということは誰も予想していなかったでしょう。なぜそうなったのか。あるいは意見が分かれて、井上先生がじゃあいっそ二人一緒でと考えられたのかもしれませんが、憶測の域を出ません。我々の採用が決まった教授会は十月半ばで、同時にそこで、大学当局に抗議して佐藤進一先生が出されていた辞表が受理され、しかもこの日下村先生の葬儀があり、井上・尾藤・石井の三先生が役割分担されたそうです。

**中村**　そろそろ時間になりましたので、このぐらいで。どうもありがとうございました。

## 三　東大文学部時代

### 国史学科赴任当時の雰囲気

**鈴木**　それでは、東大時代のお話をお聞かせ頂きたいと思いますが。赴任されたのが、一九七一年ということになりましょうか。初めていらっしゃって、先生が研究室を去られた時から、かなり雰囲気が変わっていたのですか。

**高村**　六年の間に東大紛争があって、その燃え残りのような感じがありました。まずやらされたことは、各学科研究室を教師が二人組で見回りをすることでした。毎日五時になったら、居残っている者には出てもらって、鍵を閉めたことを確認して回る。宿直もありました。アーケードと並木の角が宿直室で、やはり二人組で。

**鈴木**　全員で。

**高村**　順繰りにやっていました。印象的だったことは、学生がとてもしらけている。まず、駒場からの進学生がいなかったのです。ストライキの影響で、本郷進学は確か六月になったのです。雰囲気として非常に寂しいと思ったことは、授業には出て来るようになったが、授業が終わると、普通は、顔見知りの連中がおしゃべりなどしながら出て行くでしょう、教室から。一人ずつばらばらに、別々の方向に消えて行くという感じでした。

当時は「教師は権力者」と見られていた時代ですから、ゼミのときも、普通は黒板を背負って座るのですが、あえて横の方に座ったり、そのようなことを気にしていた。もう授業崩壊のようなことはなかったけれども、とてもしらけた状態で、自分のゼミの四年生は確か二人しかいなかったが、学科としては留年生が一学年分以上いました。

授業そのものについては、最初にいきなり失敗しました。国大では、ゼミで『日本資本主義分析』をやってもそれなりに食いついていてくれていたので、東大に来たのだから、自分の今の研究を直接ぶつけようと思ったのです。『日本紡績業史序説』を脱稿したのが四月でしたので、その原稿やゲラを使いながらやっていたら、だんだん受講生が減ってきて、秋になったら誰もいなくなった。

この通年の特殊講義の期末をレポートにしたら二〇、三〇と出てきた。その中には後で大学教師になった人のも数点ありました。それで、文学部の連中にとって経済は縁遠いのだということが分かって、自分がしている研究とは区別して授業のやり方を考えなければいけないと、当たり前のことですが、それに気付かされたのが最初の経験です。

**大豆生田**　紛争の何か余波のようなものは、もう全くなかったのでしょうか。

**高村**　いや、学生達の人間関係などがはっきり分かれているなど、それは感じましたし、その辺をつつかないようにということで意識はしていたけれども、授業は平穏でした。

**上山**　私がよく覚えていることは。一九七一年、先生の大学院ゼミに入れて頂いた頃です。お昼ご飯を二人で食べに正門から出て、信号を待っていた。すると、ビラを配っている者に対して、いわゆるゲバ棒を隠して二、三人の人間がわーっと走り寄って来て、その人間をめった打ちにした。ばーっと逃げていくという、それを二人で呆然と見ていたことを覚えています。

**高村**　そのような派閥間の争いは、ありましたね。

## お礼奉公

**高村**　それから、在職中三回も全学の学生委員をした人は珍しいと思いますが、私は早い時期に学生委員を二度やっているのです。当時の顔見知りの先生方は、「なぜ、こんな者が来たのだ？」と思われたのでしょうね。特に西洋史の林健太郎先生や堀米庸三先生などには、からかわれました。「君も、大分大人しくなったらしいね」と。

**鈴木**　よくご存知だったということですか。

**高村**　ある種札付きと見られていたのでしょう。そのようなこともあって、早速お礼奉公することになって、七三年度加藤一郎総長の頃に学生委員をやっています。七六年度にもやっているのです。林健太郎さんが総長になったので、井上光貞先生が、「林さんが総長なのだから、国史としても協力しなくては」と言われたのです。

**中村**　学生委員時代に、何か事件があったりしましたか。

**高村**　この頃は、もう、身辺に不安を感じるようなことはなかったですね。自治会は民青系になっていましたから、結構交渉は長引くけれども、それは具体的な要求、例えば五月祭にいくら援助するとかです。五月祭といえば、その頃、初めて東大で「ベルサイユのばら」をやったのです。視察と称して覗きに行ったら、やはり教師と学生の関係は冷たい時代で、「何しに来た」と女子学生などに追い出されたことがありました。

当時は、学生と教師の間がぎくしゃくしている感じはありました。向こうも近づいて来ないし、こちらも何となく距離を置いて見ている、というような感じはありました。

**鈴木**　これは、もう、その時代の感覚が分からないのですが、まだ先生が東大で活動なさっていた頃から一〇年経ってないぐらいですね。それでいらっしゃっても、やはり教官は教官であって、昔のそのような活動家が戻って来たという感じとは全然違うものですか、その学生の受け止め方は。

**高村**　さすがに学部生時代のことを知っている学生はもういなかった。ただ、大学院時代に学部生だった後輩でまだ大学院に残っている人はいました。例えば中世史の瀬田勝哉君（のち武蔵大学）は、彼も大阪の方の出身ですが、ブラカンというものを始めた人なのです。木にスローガンをぶら下げるやつ。彼辺りが何と言うかなと思ったけれども、「高村さん、一度話しに行くよ」と言っていたけれども、結局来なかった。

## 当時のスタッフと大学院生

**中村**　伊藤先生と同時に赴任されたわけで、伊藤先生とは政治史、経済史というように、分野で分担されたのですか。

**高村**　井上先生に申し渡されたことは、「君は明治、伊藤君は大正・昭和ということで」と言われて、「分かりました」とは言いましたが、内心、そうは思っていなくて、伊藤さんもそうだったでしょう。

それから最初、伊藤さんからゼミを一緒にと声をかけてもらいましたが、やはり自分としては経済史のゼミをしたかった。伊藤さんとは、結局二二年間三階の研究室で相部屋でした。もっとも伊藤さんは現代史史料の調査に超多忙で、曜日ごとに行き先が決まっているとのことで、研究室で一緒になることは少なかったのです。伊藤さん宛の電話はしばしばでしたが。

**中村**　伊藤先生とはお幾つ違うのですか。

**高村**　四つ。ついでに言っておくと、助教授で赴任した時に助手の二人も交代して、新規になったのが宮地正人さんと五味文彦さんです。結構面白い人事だったかもしれない。五味さんにこの間聞いたら、「井上先生から『どうせ君は雑務をしないだろうから、しなくていいよ』と言われた」と。井上先生は、そのようなことを言う人なのです。

スタッフとしては、井上先生が主任で、尾藤正英先生はこの時ドイツに在外研究中で、それから、石井進さん、その三人と新任二人でした。それで、着任前ながら大学院入試は手伝って、口述もしました。上山君は私の赴任と同時に大学院に入ったのですね。あの時は珍しく外部から三人合格したのです。内部は四人。紛争の影響か、内部はペーパーテストの出来が悪かった。井上先生が、非常に不機嫌になり、いささか投げやりに「出来が良いのだから、外部を取れば」と言われた。

**上山**　一年上に吉見義明（のち中央大学）、福地淳（のち高知大学）さんがいました。私の同期は有馬学（のち九州大学）さん。

**鈴木**　では、上山先生が受けた時には、「東大には、近代史の先生はいない」という前提で受けたのですか。

**上山**　信州大学時代に井上勲先生から、「いい先生が来るよ」という話を聞いていました。

**老川**　上山先生は、そもそも高村先生が来ることが分かって初めて、「経済史をやる」というつもりで来たわけですか。

**上山**　教育大の大江志乃夫さんとも思ったのです。あの方は、経済史もやっていたのです。ただ、もっと左と言ったらおかしいけれども、露骨に出すという、そのようなところが明らかでした、昔から。そのようなところは、私も左でしたけれども、もう少し隠した方がいい。

**高村**　でも、それは冒険だったですね。信州大学での卒論は、『横浜市史』を使った貿易史だったと思いますが、最初の五年間は一人だったのです、私が指導教官である大学院生は。伊藤ゼミの吉見、福地、有馬君達も、それぞれ一年くらいはゼミには出てきていたのです。

**老川**　大学院では、基本的に、その『分析』を読まれていたということは、経済史、経済学系の、やはり、テキストを中心に教えた？

**高村**　それはそうです。その頃の院生は、一応食いついてくれたのです。しかし、もう終わりの頃になると、とても無理でしたね。最後の年に、中林真幸君が「ぜひ、分析をやってくれ」と言うので、やったら、彼自身も含めて、ほとんど話がかみ合わなくて。「もう無駄だな」と思いました。時代が変わってしまったのですね。

## 『日本紡績業史序説』と学部の授業

**高村**　最初の年の学部特講で使った『日本紡績業史序説』について補足します。私の助手論文を『社会科学研究』で知ったという塙書房の吉田嘉次さんから勧められ、分量制限なしということで書き上げたもので、しかも幸運にも日経賞の対象になりました。社長の白石義明さんが大変喜んで、当時の社屋前から車に同乗して大手町の日経本社ビルに行きましたが、一年経たないうちに亡くなられたのには驚きました。弟さんが中継ぎして、現社長は娘さんです。

**大豆生田**　学部の講義で、特講は、テーマが色々とありますが。一年でやるのですか、特講は。

**高村**　特殊講義は、概説ではないのだから、毎年、看板を変えるのが原則でした。当初は通年が原則でしたが、五年ほど経ってから一年交代で半期になった。在外研究の人があったりすると、学科としてコマ数を調整することもありました。特講が原則半年になるのは、人が増えてから、大分後のことです。学部の特講と演習と大学院、この三つが義務で、駒場での四半期の「入門」を二年に一度ぐらい担当する。そういうローテーションでした。

**中村** 年譜によると八〇年は、ゼミ合宿をやられています。これが初めてなのでしょうか。

**高村** ああ、そうですね。確か小風秀雅君が助手になってからではないかと思います。学部生との間も穏やかになり、中間で仕切ってくれる人も出て来たから、年に二回、継続出来たのだと思います。

## 長かった第二次紛争

**高村** 八〇年というのは、総長補佐として紛争対策で奔走した年でした。第一次紛争は経験していませんが、第二次紛争は、あまり知られていないが、文学部教師にとっては長くて陰鬱な紛争でした。

**鈴木** ああ、そうですか。七七年に始まっていますね。

**高村** これは、語れば長い話があるのです。あまり、皆さん、ご存知ないかもしれないけれども、争点は、東大百周年。七七年という年は。

**鈴木** ああ、創立百年ですね。

**高村** 創立百周年だから記念事業に百億円募金が唱えられたのです。そうしたら一次紛争の生き残りが、助手や教務職員などに強力な人が数名いて、それと文学部などにぱらぱらいた活動家が二、三十人グループになって、百年事業反対を叫び始めたのです。要するに、「百年と一つにくくってしまって、戦前と戦後の断絶を無視している。帝国主義大学を引き継いでいる」と。

最初の標的は文学部の山本信（哲学）学部長で、小規模ながら一種の「団交」を要求された。山本学部長は一見非常に頼もしくて、「受けて立つ」と言う。そこで二、三十人相手に教室で「団交」があった。交代で、側に二人ぐらい教師が付いているのですが、激するとアルミの灰皿が飛んで来ることもあった。

議論は平行線をたどるのですが、二時間、三時間経って、彼らは、「今日は、これで終わりにするけれども、次回を約束しろ」と。そこで、徹夜になっても頑張るべきだと、僕はいつも思うのだけれども、折れてしまうのです。同じことの繰り返しになって、一〇回ぐらい繰り返したあげく、山本信名義で「百年事業に協力しない」という掲示が出されてしまった。連中は、鬼の首を取ったような感じで他の学部に対して、「文学部長を見習え」と要求してゲリラ的に出没するようになった。

七八年度には今道友信（倫理）学部長になった。戦闘服として背広を何着か作るなど、やる気満々でしたが、いよいよ火が燃え盛ってきた。当時、ボッフムの在外研究直後の石井進さんが第二委員長（文学部の学生委員長）をさせられ、「七夕団交」で倒れられるということもありました。それで結局、学部長室占拠、正月明けの小火、再占拠、入試前夜の警察官導入という事態になって、今道さんは一年で辞める結果になった。

その後七九年度から柴田三千雄（西洋史）学部長になった。因みに当時の首脳部はお互いに肌合いが違っていて、そもそも戦時体験が違う。学部長・評議員仲間ではあるが、山本・今道両先生は特別研究生で戦争に行っていない。柴田先生は、ご丁寧にも二等兵だったという。

柴田路線は、「燃え盛っているから、向こうが飽きるまで我慢する」という軟弱路線で、私もそう思った。総長補佐というポストは、各学部から一人ずつ出すのですが、八〇年度に私が頼まれてしまったのです。柴田先生も京都人で結構口がうまくて、「エースを温存したかったのだけれども、そうも言っていられない」。

**鈴木**　エース。

**高村**　これで、いい気分になって。その頃は、始終学部長室に押しかけて来るものだから、学部長付きというものがありまして、月曜から金曜まで日替わりで、誰かが学部長室に。それのキャップが西洋史の樺山紘一さん。彼と私がいわば補佐役になった。

総長補佐会議が毎週月曜日午前に本部七階であるのですが、これは、もう針のむしろです。「また文学部の連中が、昨日はどこそこで騒いでいた」など。しかも、なりたての四月末に、数十人が本部に押しかけて、あの玄関の大きな一枚ガラスを蹴って破損させてしまった。写真に撮っているから「文学部の学生だと特定出来る。処分せよ」と言われる。あわや刑事事件になりかけた。その辺りが最初の関門だった。

柴田さんの知恵で、些少ながら連中が弁償金を出した形を作って、刑事事件にするのは免れたのですが、それでも、本部では、本部前での乱闘事件などもあって、「処分しろ」の声が強かった。しかし「確認書」以来、処分制度は凍結されているわけです。まず制度を整えるのが先決ではないか、「私も協力する」と。僕も、文章作りから全部積極的にやりました。ただし、被疑者の人権にも配慮する条項を入れたので、一方的には出来なくした。今でもそれが生きているのではないでしょうか。そこに至るまで話を引き延ばしたのです。

業を煮やして経済学部長小宮隆太郎氏が、「学生対策を教えてやる」と、文学部長に会いに来たこともあった。しかしこちらは、強面の連中が後ろに付いて、テルアビブ事件の岡本公三の兄貴が応用微生物研究所職員でいたりして、何かにつけ出て来るわけ。

長話になりますが、八一年の正月に総長官舎に数人が来たのだそうです。向坊隆総長は原子力関係の人ですが、ちょっといたずらっ子のようなところがあった。家に上げて、「要求を聞こう、返事は文学部長から伝える」とやったのです。任期末を控えて、総長としては、全学的騒ぎを文学部の局地戦に戻したかったのでしょう。

それで、こちらは大迷惑ですが、総長が約束しているわけでしょう。しかし、学部長を出したら、それは「大衆団交」になることが分かっているから、僕も悩んだ。色々考えたあげく、これしかないと自分で手を挙げました。「学部長とも総長とも関係のある私補佐が代行するから、それでいきましょう」と。

安田講堂の一室を借りて、私一人で、向こうは十数人、とにかく四八時間頑張ったら、さすがにどこかからドクターストップがかかるだろうと、なぜかポケットに煙草をいっぱい詰めて出向いた。こちらは、ファイトを見せないように、単純な同じ答えを、繰り返していたら、向こうも、二時間少々で飽きてしまって、放免してくれた。結局、連中ももう飽きてきたのだな、その頃からほぼ収まってきた。

**大豆生田**　授業が終わって、大学院生（七八年入学）でしたけれども、先生と一緒にぶらぶら歩いていると、すすすっとやって来て、何か大きな声で。

**高村**　赤門、正門などを学部長が来ないか見張っていて、ついでに誰か見かけると問答を仕掛ける。本郷三丁目の交差点近くに機山館という旅館が今でもありますが、そこまで学部長が来る。こちらは中から出て、その日の様子を知らせ、指示を受けて戻るなど、そのような状態が結構続いた。僕も議論を吹っかけられて、用ありげに史料編纂所に逃げ込んだことがある。また、個人研究室にいると、問答を仕掛けに来る。

**鈴木**　その柴田先生のもとでの学部長周辺といいますか、その辺りは、こう、仲良くといいますか、大体まとまって。

**高村**　その時は、その後学部長になった方が、三好行雄（国文）、二宮敬（仏文）氏が両評議員で、軟派揃いでした。皆、対決路線には懲りたのですね。今道さんの登場は、一般の教官がいらいらしていて、「がんとやってくれ」という感じになっていたのが、かえって大火事になったので、世論の風向きが変わったのでしょう。まあ、紛争の副産物としては、他学科の先生方と知り合えたということはあります。

## 院生の教育方針

**高村**　文学部に移ってから大学院を持つようになって、思ったのは、やはり東大に来たからには研究者を育てなくてはいけないということでしたが、果たして「人文科学研究科」で経済史を教えて、彼らの将来はどうなるのか、ためらいの気持ちがずっとありました。現に、上山君はとても苦労したわけです。

そのようなこともあって、学部から大学院に行く時に相談を受けても、勧めることは決してしなかったと思います。まあ、態度で分かったかもしれない。口に出して「受けなさい」、「やりなさい」などと言わないようにしていた。

**鈴木**　「勧めることはない」とおっしゃっていたことを、覚えています。

**高村**　それなりの覚悟がないと、いずれにしろチャンスが少ないだろうからという気はありました。確か大豆生田君がドクター進学の時に、「農業経済の方も受けた方がいいでしょうか?」と聞かれて、「その方がいいと思うよ」と答えた。他ゼミの院生にも言われたのです。「先生のところは大変ですね」などと。ところが小風君が助手になる時に、先生方から同情票を頂いた。「近代なら、たまには私のゼミからも採って下さい」と、教官会議でこれ一本でお願いしたら実現した。

上山君が城西大学へ行ったのは、何年ですか。

**大豆生田**　八〇年。私が横浜（開港資料館）の住人になったのも八〇年ですから。

**高村**　じゃあ小風君が助手になったのと同じ年ですね。上山君は茅ヶ崎市史を小風君と一緒にやってくれていましたが、なかなか就職がなかった。城西は尾藤先生が話を持ってきて下さったのです。この頃から少しツキが回ってきた。

**中村**　ところでゼミ合宿が始まったと言うことは、前提に学部の学生が増えてきたということもあったのでしょうね？

**大豆生田**　学部の学生も、私、七六年に進学したのですけれども。この年は、国史に行った学生が非常に多くて、三〇人。近代の伊藤ゼミと高村ゼミは四年生と合わせて三〇人ぐらい。

**高村**　その頃には、三年生の時は両方出るような習慣になってきていましたね。四年生になる時にどちらかを選ぶ。ところで鈴木君の進学は何時でしたか。

**鈴木**　私が進学してきたのは八四年です。

**高村**　その頃で、私、覚えています。私が準備した原稿で学部の講義をしたら、表の間違いを指摘された。東大出版会の日本史講座の「転換期としての第一次大戦」の準備中だったのですが、資料を配ったら、「左右の欄の集計が入れ替わっている」と言われた。確かに間違っていました。授業を聞きながら暗算している学生がいるのだと驚きました。

**鈴木**　たまたまだと思います。ただ、私の時は、学生紛争の気配はもうないような、とても平穏な印象でした。ゼミ生は、この頃は一〇人台だったと思います、二学年で。あと、大学院の本宮一男さん（八二年入学）が出てらっしゃいました。

## 『日本資本主義史論』と博士取得

**老川**　この時期、学部では、どのような授業をやられていたのですか。「近代経済史の諸問題」という中身は何でしょうか。

**高村**　この頃、八〇年に『日本資本主義史論』を出していて、八二年に『近代日本綿業と中国』を出していまして、その準備段階を含めて、内容を噛み砕いてやっていたと思うのです。講義の具体的テーマについてのシラバスなど、終わり頃まで作らなかったのです。

『日本資本主義史論』のきっかけは、あとで名古屋大学出版会の立ち上げに尽力した後藤郁夫さんから誘われたことでした。「こういう論文を出しているのだから、この辺をもう少し加えると、まとまるのではないですか」と。なるほどと気付かされて、副題にあるように、産業資本・帝国主義・独占資本という三局面からの議論をまとめたのです。

**中村**　年譜では博士号を取られたのが八四年になっていますが、『日本資本主義史論』の方で取られたわけですか？　なぜ紡績業でなくて、こちらだったのですか。

**高村**　時間が経ちすぎていたのです、誘われるまでに。同僚になってみると、博士論文審査は負担だということが分かるので、自分からは言い出しにくいのです。この頃になって、尾藤先生が声をかけて下さった。尾藤先生は若い頃に博士号を取っておられたのです。

**大豆生田**　橋本寿朗先生と論争がありましたね。私は喫茶店で先生と、何か進路をめぐる相談をしている時に、橋本さんが近くにおられて、「ちょっと先生、少し批判をさせて頂きました」と丁重に声をかけられたことを覚えています。

**高村**　橋本さんが『社会科学の研究』誌上で岩波講座に書いた私の独占論を批判した。私の独占論は、当時かなり違和感を持たれる論文だったと思います。当時まで、具体的な研究が意外となかった。そこで、自分なりにやるしかない。かなり迷いました、発表するまで。学界で馬鹿にされるのではないかと思って。

**老川**　この後ですよね、カルテル研究が本格化してくるのは。

**高村**　はい、そうですね。金融資本についても一応考えたのだけれども、極めて抽象度の高い概念だから、実証と触れ合わないと思って、もう少し具体的なレベル、概念として独占資本というものを、実証と関わらせてやろうと思ったのですね。「かなり機械的な議論」という批判も、当然あると思います。

橋本さんとは、面識はなかったのです。論争してから知り合って、一時、とても親しくなって、「先生が死んだら、僕が弔辞を読んであげますよ」などと言っていて、先に死んでしまった。そのうち、彼は現状の方に行ってしまった。色々もらうのだけれども、あまりこちらも読まなくなってしまって、少し疎遠になりましたけれども。

## 『近代日本綿業と中国』

**高村**　もう一つの『近代日本綿業と中国』在華紡の方は、当時、先生方の特殊講義をシリーズとして出すという「歴史学選書」という企画があって、その一冊として出したのです。井上先生や伊藤さんも出していますが、歴史関係全員に及ばないで途中で終わったのです。

余談ですが、この本は運の良い本で、去年、三〇年ぶりに再版されました。それから、ハングルで出ているのです。金志煥というとても熱心な研究者が東洋史に来ていた。在華紡のことを熱心に調べていて、僕が見ていない雑誌などから記事を見付けてきて、毎週、「原稿を読んでくれ」と来るのです。その熱意にほだされて、コメントしていました。その後中国でも研究を続けて、韓国では高麗大学の研究所のスタッフになっていたのですが、是非と言うことで、東大出版会の許諾も得て翻訳を出したのです。

それから、今年になってから、中国で翻訳を出したいという話があって、中華書局というのですが、一〇〇年以上歴史のあるところだというので、承知しました。今、翻訳中だと思います。だから、この本は結構長持ちしています。

## 歴史民俗博物館のこと

**中村**　少し話が変わりますけれども、八四年に歴史民俗博物館の教官を併任されています。これは、どのような経過だったのですか？

**高村**　僕は、当時は博物館には興味がなくて、ずっと逃げていたのです、歴博からは。ところが、井上先生が定年後準備室長になられて、開館直前に亡くなって、それで、土田直鎮さんが後を継がれた。それも、館長の併任を認めないから、東大国史を一年残して辞めて行かれたのです。その土田さんがステッキをついて現われて、「君、やってくれないか」と。引き受けたのは人情です。

併任教官自体はこれという仕事はないのですが、これで歴博と関わりが出来てしまったのです。実際にやったことは、この肩書きでやったわけではないけれども、近代展示の準備です。それから近代のスタッフを揃える相談にも乗った。遅れていた近代展示の準備を始めるということで、専任になられた小木新造さん、高橋敏さんを中心に、私、色川大吉さん、北大の田中彰さん、川越の殿様の末裔である立教の松平誠さんなど、「賢人会議」なるものが発足して企画を練ったのです。

私の場合は第二室「産業と開拓」に関わりました。変なシステムで、展示業者にぽんと予算を渡してしまってあって、彼らのお金で調査に行くのです。長崎や愛知県など、色々行きました。横浜の新港埠頭は開港資料館の堀勇良さんのお世話で模型が出来ましたし、舟運では老川さんにお世話になりました。

もう少し後になると、大学の教授会に当たるものとして、内部と外部半々の運営協議会があって、それのメンバーになって、その後は、大学と同じ評議会があって、青木和夫会長が辞める時に依頼されて、何しろ学部生時代の助手ですから「お前やれ」と言われれば断れず、大学共同利用機関から独立行政法人に変わるまでの最後の会長でした。

## 国際交流委員長

**鈴木**　文学部第四委員会というものは何でしたか。

**高村**　第四は教務です。年配の助教授がなるという変な慣習で委員長にされた。それで、仕返しに、僕は会議を開かない主義にして、最初と最後、合わせて二回しか招集しなかった。あとは全部、独断と偏見でやってしまった。文句があったら辞めますということで。

むしろ、結構苦労したのは、終わりの方にある国際交流委員長で、九一年ですか。柴田翔（独文）さんが学部長になって、「留学生の日本語教育を文学部でもやりたいから、頼む」と言われて、日本語教室を作ったのです。講師探しから始めて、時間割作りや教室探しなど。

本部に留学生センターがあって、「学部で日本語教育をやってはいけない」と横槍が入った。しかし留学生センターでやっているのは、理系などがそうですが、日本で生活出来るための日本語なのです。我々が必要としたものは、約二〇〇人いる人文系留学生が人文学を学ぶために必要な日本語だと、強行突破してしまった。それで良かったと思います。今でも、毎年、留学生の文集を送ってくれています。留学生旅行などにも付き合って、結構楽しいこともありました。

## 共同研究と自身の研究

**大豆生田**　研究会を始めたのは、どれぐらいでしたか。日露戦後の。少し、就職が決まったので、怠けないようにと。

**高村**　本音はそうなのだけれども、あまり、それはね。皆さんには失礼な言い方だ。

**大豆生田**　私が八四年四月に城西大学に行ってすぐ、六月頃に研究会が始まりました。

**高村**　『日露戦後の日本経済』の「はしがき」によると、八四年七月発足だったようです。そうすると、案外、大学院の顔ぶれが変わってしまっていたのかな、若返って。どうですか、あなたなどがいた頃は。上に、あまりいなかった?　比較的いないところに、本宮君がぽつんといたのだよ。割と間に、ええ。

**鈴木**　上に、本宮さんがいらっしゃったのですけれども、比較的早く就職なさったので、外交史料館にいらっしゃって。だから、神山恒雄さんだけでしたか。

**高村**　だから、今から考えると、本音は寂しかったということかもしれないですね。

**老川**　私など聞いていることは、ドクター、大学院を出始めたから、そのような人達の名前を売るため。

**高村**　まあ、業績はあるに越したことはないとは思いましたが。明らかに山口先生の真似なのです。産業金融史の三部作があるでしょう。山口先生も五十代に始められて、そのことは頭にあった。もっともこちらは財源がなくて、みんなに負担をかけてしまいました。

**老川**　それは、どのような意味なのですか。五十代からとは。

**高村**　やはり、一つは、自分が単独でやることの限界を感じたのかもしれない。その頃に、言っているのです。「自分は大河小説が書ける人間ではない」などと。だから、「力を合わせて、みんなの力で何かやろう」というような感じになってきたところがありますかね。そう、私自身がそれを公言したことがあるのです。

**中村**　でも、この時期に発表されている論文を拝見すると、ほとんど毎年のように実証研究を出されていますね。例えば八五、六年ですと、先ほどおっしゃった「転換期としての第一次大戦」という論文が出、その後、木曽商人の話をされていますし、それから、「明治維新前後の〝外圧〟をめぐる一、二の問題」、これは有名な論文ですけれども。この辺りは、何か、本当にばりばり仕事をされている印象なのです。今のお話と、少しこう、何か……。

**高村**　だから、逆に、大きなことを論ずるという縛りが解けたといいますか、『日本資本主義史論』のような。そのようなタイプの仕事は、「まあ、もういいや」と思ったから。個別的なことをやる方が、僕に合っているなと。それともう一つは、読み手のことで、これは自分の勝手な思い込みかもしれないが、だんだん、大上段に振りかぶったような問題に若い人が反応しない。むしろ、個別の実証で興味を持ってもらえたらという感じが強くなってきたこともありました。

**老川**　『日本帝国主義史』がありますね。大石先生達とやられた。

**高村**　はい。僕は、紡績を中心に繊維産業を担当した。あそこで感じた限界は、やはり、大正期以降、もともと『日本紡績業史序説』の続編を書きたいという意識はあったのだけれども、史料が、二次的史料はやたらにあるのですが。

**老川**　戦間期の資料が少ないのですね。

**高村**　はい。考課状にしても記述はごく簡単になってしまう。紡績連合会の公表統計も立ち入った数値は出なくなる。最近、鐘紡の研究会が発足したようで、期待していますが。『日本帝国主義史』では簡単な概観を書くことは書きましたが、それ以上掘り下げる材料はほとんどないと思って諦めた。あとは興味の赴くまま、それなりに史料があって資本主義史に関わるところに首をつっこんだことになります。

## 国史学科主任と外部評価

**高村**　話は変わりますが、国史では、私の四歳上（石井進さんの一歳下）に伊藤隆さんと笹山晴生さんがおられたのですが、同時に定年になって、最後の四年間は私が最年長になったのです。そのうち三年間、私が主任になったのですが、そこで結構大きなことがありました。大きなことと言いますか、私にとっては。

一つは、外部評価というものが実施されて、東大では理系の最初が理学部の物理、文系の最初が文学部の日本関係になったのです。国史と国語・国文が対象。「東大としても最初の試みだから、外部に対して自信の持てる分野でまずやりたい。お金は本部で持つそうだから、受けてくれ」と学部長から言われたのです。時代の流れもそうなっていると思ったし、「では、受けて立とう」ということで。

こちらも自信がありました。その頃、スタッフも、ついに八人まで来たのかな。それで、皆頑張って、それぞれ教育も研究も一生懸命やっているから、それで欠点があるとすれば、「それは、お金とスペースが足りないからだ」という説明になる。

こちらからも評価委員の一部を推薦出来たので、石井進さんのお知恵も借りて、京大の朝尾直弘さんにお願いした。当時学部長（九三年度）の西本晃二（伊文）さんが、ドナルド・キーンさんや「方違え」研究のフランス人フランクさんなどを呼んできた。資料もありのままに出した。教師のいないところでの学生からのヒアリングも自由にやってもらった。

それで、朝尾さんは多分、「次は京大」という意識もあったでしょうが、とても熱心に取り組んで下さった。結局一週間出張されたのかな。報告書の取りまとめもあって大変だったと思いますけれども。あれはあれで良かったと思います。今は、そのような外部評価が当たり前になったかもしれないけれども。

## 日本史学への改称と実験講座化

高村　もう一つは、「国史学」という名前を「日本史学」に変えたということがあった。これは、私が主任になる前から話題にはなっていて、皆さん異論はなかった。石井さんなどは、積極的なご意見でした。一番大きな理由は、要するに、「国史」と言っても通じなくなっている現実があるのです。まだ国語・国文は教科書のタイトルにもなっているが、「国史」と言うと、説明しないと何のことだか分からなくなっている。だから変えよう、ということになったわけです。

ただ、これには批判が出るだろう、もしかして右翼の街宣車が押しかけて来るかもしれないなどと思いつつやったのですが。意外にも在学生の一部に反発があって、一度説明会を開いたのですが、「伝統のある名前が惜しい」などと言う者がいた。それで、研究室の看板を指さして、「君、これ、國史学研究室と書いてあるよね。でも、『國』は旧字体だけれども、『学』は新字体だ。このようなものに伝統があると言えるの？」と、やり込めたことがある。

鈴木　しまった。気がついていなかった。

高村　それと、反応は、ほかのことでもそうですが、中にいると意外に外部の声が聞こえて来ない。外では色々言っていると思うのですが、僕の耳に入ったのは、どちらかと言いますと、伝統主義者ではないタイプの人が、自分がそうとは言わないで、「そのようなことを言っている人がいる」というような言い方をされるのです。これは、少し意外だった。

それから新聞に出たのです。『毎日新聞』の記者で、朝尾ゼミの出身でしたか、電話取材を受けた。「余録」というコラムの担当者が、「東大も皇国史観を脱却するのですね」と言うから、「今更そういうことではないですよ」などというやりとりになった。とにかく、イデオロギー的に捉えられることは是非避けたいと思っていた。そうしたら、私の名前入りで紹介されました。結局、幸い大したことがなくて良かったと思っています。

当時、私が調べた範囲では、単純に言うと、成熟した国では、例えば「フランス史」というような言い方をして、そうではない発展途上国は「国史」という言い方をする。調べたと言っても又聞き程度ですが。

ただ、それ以外の副産物が出て、それは決して目的ではなくて思いもしなかったことなのですが、そのために実験講座化が実現したのです。実験講座にしたいということは前々からあって、西洋史はなっているのです。国史長年の願望だったのです。なぜなれないかというと、現実論として、文部省が大蔵省を説得する時に、他大学の「国史学」講座にすぐ波及するのがネックだったのです。「国史学」は旧帝大共通の講座名で、「日本史」とは、一般に、学科目制の大学で名乗っていたのです。

「講座制の大学で『日本史』という講座はほかにないから」と大蔵省を説得出来るということで、意外なことに実験講座制が実現したのです。そうしたら結局、あっという間に、旧帝大は続いて「日本史」に変わってしまった。

そこで、予算が二倍以上になってよかったのだけれども、困ったことにはスペースがないのです。だから、何か買うにも、もう図書は満タンで。取りあえず教官用パソコンを買ったりしましたけれども、一巡したら、もう何か買っても置き場がないから買えない。今どうしているか知りませんが、そのような副産物があったということです。

以上の二つが、私の主任の時に特に印象に残っていることです。最後の一年は、もう自由にしてもらって、五味さんが引き継いでくれたのです。

## 大学院重点化と課程博士

**中村** すみません。少し戻りますが、「国史」を「日本史」に変える時は、先生が自発的に発案されたのですか。それとも……。

**高村** 前から話題にはなっていた。でも、「この際、やろう」と思って言い出したのは私かな。

**鈴木** 大学院重点化に合わせたり、そのような外の契機があったわけではなかったのでしたか。

**高村** 記憶が怪しい部分がありますが、年譜に即してみると、次のようないきさつだったようです。大学院重点化を進めるに際して、学部のあり方も見直そうということになった。ところが調べてみると、我々は長らく「国史学科」だと思っていたが、実は文部省向けの「公式」の制度は哲・史・文・社、いわゆる一〜四類が学科であることが分かったのです。この際その辺を再検討しようということになって、そこで史学系をまとめて学科名は「歴史文化学科」、従来の学科を「専修課程」と呼ぶことにした。そして、そういう機会なので、懸案の「国史学」から「日本史学」への変更を実現出来た。学部レベルの変更は九四年度で、大学院の変更は一年ずれて九五年度で、「人文社会系研究科日本文化研究専攻日本史学専門分野」になったのです。

大学院重点化は、予算増加を意図した動きの産物でしたが、その際、人文科学研究科では、社会学との合併が問題になった。社会学研究科が、「一緒になりたい。ただし、そのうちに力をつけて、また独立したい」というような話で。西本研究科長が怒って、「高村さん、長老として何か一言言ってやってよ」と言うから、研究科委員会で、「離婚を前提としたプロポーズというのは、変ではないですか」と発言した。何か、社会学の都合があったらしいのですが、そのような嫌味を言った上で認めた。

**中村**　重点化で文学部は採めませんでしたか。

**高村**　色々議論はありました。「看板が要る、要らない」などとやっていました。要するに変更の理念は何か、ということです。

**鈴木**　だから、あまり重点化による変更、変化というものは、なかった感じですか。

**高村**　もともと予算が欲しいので、学部しかない大学と差を付けるというのが狙いだったので、実質的には制度変更という実感はなかった。一時は、「教官によって大学院所属と学部所属とで格差が出来るのではないか」などという議論があったけれども、皆大学院籍になってしまったから、あんまり実感として変わったということはなかった。

**中村** 大学院生の数が、これ、とても増えたり、そのようなことはないですか。

**高村** ああそうでした。重点化そのものではないが、準備段階で大学院教育が充実しているかが問われるようになったのです。定員が埋まっているか、課程博士は出しているか、実績が上がっていないと認めてもらえないということになる。ところがある年、人文全体で新規の課程博士号取得者がゼロだった。それで、とてもこれでは重点化など、ということになった。

そこで、「とにかく、しゃにむに取らせなければ」ということになりました。やはり、西本時代かな。「今度、国史は何人出せる?」などと言って、研究室を回って来るのです。

**中村** それは、いつぐらいですか。

**高村** 重点化の準備段階、西本学部長が九三年度ですから、この頃からです。それからは結構出したと思いますよ、私も。審査員をやった時は、三件や四件、同時に持っていました。今では当たり前かもしれないですが。それから、やはり審査する方も博士でないと困るということで、先生方にも取ってもらうなど。

## 学内の役職

**中村** 九三年度に国史の主任になられる時に、同時に文学部の第一委員になっている。九五年度に文学部の歴史文化学科主任をやられていますね。歴史文化学科主任にはどのようにして就任されるのですか。

**高村**　第一委員とは、当時の各学科の主任会議ですね。教授会の下で、もう少し実務的な協議があるのです。後者は、日本史、西洋史、東洋史、考古の持ち回りです。史学系共通の問題はほとんどないから、実態はほとんどないです。要するに、学部、学科、専修課程、三層構造といいますか、制度上そのように整備しないといけないのです。

**中村**　先生は、評議員には、どこかでなられていますか。

**高村**　評議員には、なっていないです。国史の人をいかに評議員にさせないかということで、我々は実力を発揮していたのです。学部長は通常は評議員の中から選ばれ、評議員は学科主任の中から選ばれるのです。はっきり覚えていることは、石井進さんが主任の時に、「石井さん、本音のところ、評議員やりたくないですか？」と聞いた。黙っていれば石井さんがなりそうな時だった。「本当のところ、なりたくない」、「では、運動しましょう」と。

大した運動ではない。七人いればプラス・マイナス一四でしょう。誰も石井さんに入れなくて、その代わり別人を擁立してしまうわけ。「今度、彼にしよう」などと。そうすると、当選するのです。そうやって、かなり評議員を作りました。そこから学部長が生まれてくるわけ。隠れたキングメーカー。だから、石井先生ともあろう人が評議員にもならない。

**中村**　そうか。そう考えると、国史から誰も……。

**高村**　井上先生が学部長になって以降は、出ていないのです。

鈴木　尾藤先生も評議員になられていないのですね。

高村　尾藤先生は、いわば書生肌の方ですからね……。大学院レベルの協議会というものがあるのですが、協議員にはなっておられた。

中村　普通は、学科の代表者を、ある程度の間隔で長に出しておかないと、学部内でのいわゆるポリティックスで負けるということが、ありかねないと思うのです。

高村　あまり、そのようなことは考えなかったですね。やはり、国史は大所帯ですから、ほかと比べて。少数派という意識はないし、そのような損得は、あまり考える必要はなかったのです。

大豆生田　なるほど。むしろ先生方のまとまりが、非常に良かった。

高村　そうですね。石井さんになってからが、良かったです。その前は、時の主任と次の人の間は、どうも円滑ではない部分があった。

老川　主任には、任期はないのですか。

高村　なかったです。要するに、長老がやる。ローテーションで回すというようなことは、当時はなかった。例外だったのは、そうだ、井上先生が学部長になったから、尾藤先生が主任で、井上先生の学部長が終わって戻って来られたのに、尾藤先生は大政奉還をしなかったのです。その辺りから、少し長老間の関係が……。

大豆生田　先生ぐらいの器量といいますか、があれば、学部長など簡単にこなせるように思うのですけれども。

**高村**　とんでもない、とんでもない。文学部は大変ですよ。教官がだんだん増えて一〇〇人を超えた。今、もっといるでしょう。そもそも学科が多いのです。

**老川**　その利害調整が大変なわけですね。

**鈴木**　「訳の分からないことを言ってくる人が多いのだ」ということを、別の学部長から聞いたことはあります。

**高村**　常識外の人が結構いた。

**鈴木**　特に、その時代といいますか、それは多かったように。今は、やはり、何か少し時代が変わってきているので、あまり、こう、周りが見えていない、見ない、ということは、前よりは減っているという傾向にはあるようです。

**高村**　皆、合理的になったのでしょうか。

**大豆生田**　「そろそろなるのではないか」と、噂していたのです、先生が。

**高村**　人材を発掘して、推薦するわけです。

**鈴木**　私が来た時にも、何か、そのようなことがあるかと思ったら、何も言われなかった。その投票についての。打ち合わせというものは、言われなかった。

**高村**　良き伝統は、なくなったのでしょうか。

## 人事と学生気質のこと

**中村**　主任をされていた時の、主な問題はほかには何だったのでしょうか。

**高村**　あとは人事でしょうか。近世では史料編纂所と併任でお願いしていた高木昭作さんが定年になった後、史料の藤田覚さんを専任でお願いしたいという話になりました。高木さんは、史料の大黒柱だから駄目だと言ったのですが、こちらの教官一同が揃って直談判に及んだら、快諾して頂いた。東大国史卒以外の最初の人事になったのです。石井時代には永積洋子さんの人事があり、文学部最初の女性教授でした。

それから加藤陽子さんをもらい受けに、山梨大学まで行ったことがありました。あの人事は、伊藤隆さん定年の後一年空けてしまった。院生や学部生が多かったので気の毒でしたが、何しろ大物教授の後ですから慎重にならざるを得なかったのです。

やはり、人事というものは大事だし、色々頭を悩ましましたが、結果的には良い選択だったのではないかと、私は思っています。

**鈴木**　やはり、東大にいらっしゃる間に、随分、学生や院生は変わってきましたか。先ほど、「『分析』が読めなくなった」という話はありましたけれども。

**高村**　ああ。僕が思ったことは、やはり、大雑把に言うと、共通一次開始（七九年一月）、あの辺から一般学生のタイプが変わってきたといいますか。昔は、国史、文学部に来る学生は、良くも悪くも癖があって、あまり授業には出ない、我流で勉強したがる、そのような学生が多かったのですが、何か普通の学生になってきたという感じでね。

よく言うではないですか、偏差値人間などと。偏差値を基準にして文学部に来た、そのような感じがだんだん強くなってくる。「指示待ち人間」という言葉も生まれて、「なるほど」とも思った。ある意味素直なのだけれども。

もちろん、出来る人、シャープな人は一部、若干いるということは嬉しいのだけれども、ごく普通の学生が多数派になったのではないか、という感じがします。

**鈴木**　共通一次は、本宮さんと神山さんの間に線が引かれるのだと思うのですけれども。

**高村**　そうですか。僕が言ったことは一般の学部生の印象であって、大学院に来るような人は、さすがに、幸いにしてタイプが違うのだけれども。一般大衆といいますか、普通の学生のタイプが変わったような気がする。

## センター入試と設置審

**中村**　話のついでに、センター試験の専門委員の話を、ちらりと。

**高村**　二年間、ちょうど平成になる頃です。これは、結構時間を食われました。毎年、日本史がミスを出すのです。「またやったか」という感じで。いきなり、またやってしまった。二年のうち一年目は、前の委員が作り置いたものを点検する。そこでミスが出てしまった。「下記の人名のうちで、お雇い外国人ではない人を選びなさい」。正解のはずだったのは、彼だったのだ。ポンチ絵の。

**鈴木**　ビゴーですか。

**高村**　ビゴー。でも、彼は最初は陸軍士官学校のお雇いなのですよね。そのような単純な間違いを、私も見過ごしてしまった。百科事典を見れば書いてある。二年目は、それがなかった代わりに、一年目の理科の結果で、二科目間で平均点に大差が出てしまい、今後どうするかということが大問題になった。私は、二年目は文系全科目の責任者だったのです、持ち回りで。

再三会議を開いて侃々諤々、集まるたびに、皆、色々なことを言って、「このようなのがいい、あのようなのがいい」、「しょせん、成り行きで仕方がない」など。会議は普通にやっても各科目ごと三日×一三回が原則で、三九日間縛られるのですけれども、それに責任者達の会議が入って合わせて六〇日近く縛られた、一年間で。そのようなことがありました。それから、委員をやっていると言ってはいけないのです、学生に。

**中村**　ああ、言えないですね。

**高村**　皆、察しはついているけれども。それで、一つだけコマ数が減らせるので、無理を言って大石嘉一郎さんに特殊講義を持ってもらった。それは、ああ、鈴木君も出たでしょう。学部ゼミの方は、院生に仕切りを頼んだら、やはりゼミを人任せというのは、やむを得なかったとはいえ、問題でしたね。学生に迷惑をかけました。

副産物としては、そのようなことがなければ全然付き合わない分野の違う人と知り合って、それは面白かったです。そのご縁で教え子の就職が決まったこともありました。

あとは、大学設置・学校法人審議会の専門委員。やはり同じ時期です。これは、尾藤先生から引き継いだ。日本史の担当が二人（古代中世と近世近代）で、大学、学部、学科の新設とその教員の適格審査をするのです。一回が二日単位だったと思います。私は、東大にいる限り、色々な「住民税」を負担するのは仕方がないと思って五年間やりました。

私は、基本的に自由主義という発想でした。審査で規制するというよりは、もう少し自由にやってもらって、それで失敗したらいわば自己責任ではないかと思って、割にすいすい通したのです。そうしたら、申請者側から、どこで審査して欲しいか出願出来るのです。二年目、三年目になったら、国文が何件も僕のところへ来てしまって困った。それから、個人実績で感じたことは、就職後、業績がほとんどなくなる人が相当多いということ。これには、本当に驚きました。

**中村**　その、何といいますか、そこでバツが付くといいますか、「マル合」が出ないということは、結構あったのですか。

**高村**　「マル合」も普通の「合」も、不合格は僕の場合は、めったに、年間に二、三人ぐらいだったでしょう。あまりひどい時にはバツにした。そうしたら、家に抗議の電話がかかってきたことがありました、当人から。「俺を知らないのか」と。それから、バツを付けようと思ったら、役人から、「この人はお茶の家元です」と言われて、お茶の学校を作るというので、思い直したことがあった。

僕と一緒にやっていた方は、古代の関晃先生、その後が歴博の田中稔さんでした。その後に、変な順番ですが、石井進さんと組むことになった。石井さんに、あまりに緩すぎると言われて、いくつか基準を申し合わせました。それで、僕が辞める時に、東大だけで回しているのもおかしいと思ったから、京大の人を推薦しました。あまり気持ちのよいものではないです、個人審査というのは。

## サバティカルなし

**大豆生田**　先生、この間ずっと東大にいらしたのですけれども、在外研究や、内地留学などの機会はありませんでしたか?

**高村**　国内は行けないのです。特別の理由がない限り東大は駄目で、特別の理由は、確か国文の人が、名古屋の旧家に古文書を見せてもらいに通わないと論文が書けないという理由で行った、その一例だけだった。他大学には行けないのです。受け入れることはいいけれども。さすがに東大ということでしょうか。

在外は、実は、あとで鈴木君が行ったボッフムとの協定があって、尾藤先生から声をかけてもらったのです。大分考えたけれども、やはり、今更ドイツ語を勉強し直すということは、あとを考えても資本論を原語で読むことにはならないだろうと、結局辞退してしまった。ほかにチャンスはなかったです。それぐらいでした。ボッフムとの協定はまだ生きているのですか。もっと範囲が広がったのかな。

**鈴木**　いや、あれは駄目に、なくなってしまいました。

**高村**　ちょうど辞める時にサバティカル制度が出来、私に二年半休める権利が発生したのですが、残念ながら使う時間が残されていませんでした。以上です。

**鈴木**　どうもありがとうございました。

## 四　横浜とフェリス

### フェリスに赴任

上山　先生は一九九七年三月に東京大学をご退職されて、フェリスにすぐ行かれるわけですけれども、行かれるに際しての経過などを、差し障りのない範囲でお話し頂ければと思います。

高村　定年になる多分三年ぐらい前だったかと思いますが、柴田三千雄先生から電話がありました。柴田先生は私よりちょうど一〇歳上ですが、定年後、フェリス女学院大学文学部に行っておられました。それから学長が、やはり東大駒場から移られた弓削達先生でした。

柴田先生からは、「今度、文学部から分かれて新しく国際交流学部を創るので、来ないか」という話でした。なぜ私が国際交流なのかとびっくりしたのですが、聞いてみると、「国際交流のためには、足場である横浜のことを知っていることが前提だから、横浜学をやって欲しい」とのことでした。横浜市史をやっていることをご存知だったからだと思いますけれども、「それなら結構です」ということで、ほぼ即答でお引き受けしました。

　ただ、女子大ということはもともと念頭になかったものですから、行くまでは大分緊張していて。煙草もやめた。

**上山**　ああ、そのような経過だったのですか。

**高村**　最後の年の夏に、四〇年間付き合ってきた煙草を最終的にやめたのですよ。駒場のアメリカ研究の新川健三郎さんも、一年後に文学部に来られて同僚になりました。新川さんは好人物で、定年前から史学会の評議員会の食事の時などに、「僕はフェリスに行くの」と、みんなに話していた。

　私は国際交流学部に赴任するに当たって、やはり女子大ということに不安を持っていて、こんなことも思っていました。セクハラ問題を起こしてはいけない、仮にそれが冤罪であったとしても、その時は潔く身を引く覚悟でいなければいけない。現に私が辞めたのと同じ頃から、文学部長のセクハラ問題が三年間も裁判沙汰になったのです。最近、上山君の教え子がフェリスの非常勤に行くというので、同じようなことを言いました。

　現在は珍しくないでしょうが、「国際交流学部」というのは当時全国最初で、意欲的な、国際交流に関わるようなキャリアウーマンを目指す、積極的な学生も入って来ていました。現に国連WFP、世界食糧計画に就職した者もいました。また、三年次編入制度があり、キャリアアップを目的に入学してくる看護師やキャビン・アテンダントもいました。

　当初はやはり大分硬くなっていました。四月初めに、入学生のオリエンテーションが、大磯プリンスホテルであるのです。大磯の駅からホテルまで、ピストン輸送のバスで行くのですが、バスに乗ったら男は私一人で、あとは全員女子学生で、すごく硬くなって乗っていた。馬鹿みたいな話です。そのうちに分かってきたのは、要するに、向こうから見たら、ただのじいさんだということでした。だんだん普通の感じになってきて、学生の方は、全体にまずは良い子達で、どうということはなかったです。

国際交流学部の雰囲気は良かった。相鉄線の支線の緑園都市に出来た新しいキャンパスを一学部で使っていて、校舎も明るくて清潔でした。その後東大に行くと、自分はこんな薄汚れたところで長年生活していたのかと、改めて感じるようにもなりました。

新学部・新大学院ということで、教員約三〇人のうち、確か七人がいわゆる丸合教授でした。豊かな見識を持った著名な方々で、川田侃先生や武者小路公秀先生などがおられた。親しくしてもらえたのは、ともに東京外語から来られた山之内靖さんや、二宮宏之さんです。二宮さんは途中でお酒を飲めなくなってしまったけれども、その前は部屋にワインを沢山蓄えていて、時々声をかけてもらい、山之内さんと三人で飲み会をやった。山之内さんも面倒見のいい人で、クッキーを出してきてバターをつけて、配ってくれるのです。クッキーをつまみにしながらお二人の論争を聞いているという、非常に幸せな時間がありました。話が弾みすぎて閉門門限を過ぎ、ガードマンに駅まで車で運ばれたこともあった。

ちょうど赴任した年の秋が、例のアジア金融危機。その時、山之内さんは「グローバリゼーションだから当然だ」という感じだった、当初は。それに対して、二宮さんはむしろ地域からの、ローカルからのグローバリゼーションへの抵抗・反抗を重視する。その二人の議論を聞かせてもらうのがとても楽しかった。その後、大学院で雑誌を出すことになって、その名称が『グローカル』になりました。また、若手の人達は学際的に活動する意欲の強い人が多く、これまでの文学部とは違った活気と刺激を感じていました。

だから、前半は、私は楽しかったです。

## 授業のことなど

**高村**　授業はゼミを含めて横浜のことをやりました。もともと私のゼミに来る学生は、ごく普通の学生といいますか、厳しい語学や難しい国際問題などを避けて消去法で来ているわけですから、横浜に関心があるわけでもない。もともと高校で日本史を履修していないのが多数派で、予備知識もない。どのようにしたら理解してもらえるか、興味を持ってもらえるかということに、大分悩みました。

それから、最初驚いたのは、新学部で一年生しかいないこともあるのですが、講義で、演壇に立って話し始めても、まだしゃべっているのです、前列の方でもお互いに。そのうちに、「ああ、テレビを見ながらおしゃべりするのと同じ感覚なのか」ということが分かってきて、こちらもテレビではないことを分からせなければと思って、怒鳴ったり、「出て行け」などと言ったのですが、半年ぐらい経って、まあまあ普通になったかなという感じです。ただ、上級生がいたらもう少し違ったでしょうが、一年生だけだから、分からなかったのだろうと思います。

それと、やはり予備知識がない。皆さんにも言ったことがあるけれども、漢字が読めない。音と訓の区別がない。「横浜居留地」のことを「いりゅうち」などと言ったりする。ゼミ生がそうですから。だから、やはり「読み書き算盤」は大事だと思って、ある時期から、とにかく「読み書きがちゃんと出来るようになれば、一応大学を卒業出来る」と。もう、それぐらいの具体的目標を立てるしかないだろうと思ってやっていた、というところはあります。

肩のこわばりが抜けるにつれてゼミ生との距離も次第に近くなってきて、中華街でゼミコンパをやったり、終わり頃には数人が揃って自宅に遊びに来るようにもなりました。

ゼミ生でも変わり種はいました。中国の新疆ウイグル自治区出身の留学生で、外見上は全く西洋人なのですが、親が、ロシア人とトルコ系なのかな。だから言葉が、ロシア語と中国語とウイグル語と日本語が出来るのです。三年間ぐらい日本語の学校に行ってから来たから、日本語も大分上手な気がする。なぜ私のゼミを選んだかは知りませんが、卒論は中華義荘、中国人固有の墓地が根岸にあるのです。それで、例の、私の東大退職の時に皆さんが記念の会を開いてくれたインターコンチネンタルホテル、あそこに就職して、コンシェルジュとして成績優秀で、海外旅行付きの休暇をもらったと年賀状で報告していました。その後も、最近の学院報によれば、結構ばりばりやっているようです。

フェリスに赴任してからの私自身は、当初しばらくは、授業の準備に追われることもなく、役職も軽かったので、これまでの人生で一番のんびり過ごした時期でした。

**上山**　先生は、非常勤では、どこに行かれましたか。

**高村**　フェリス一年目に九州大学に、年の暮れに集中講義で行きました。「会社の誕生」をやりましたが、そこで、有馬学君にお世話になって、成田（榎）一江さんの案内で柳川に行ったり、松本洋幸君など大学院生達と親しくなった。

　また、その翌年に、横浜国大に行きました。以前の清水ケ丘（南区）ではなく常盤台（保土ヶ谷区）のキャンパスでした。「歴史における不況」というテーマで話しましたが、学生の気質が全く変わっていて、非常に大人しい感じで驚きました。

**上山**　それ以前は?

**高村**　東大時代は、高知、北海道、お茶の水、名古屋などです。

**老川**　では、私立などでは教えられたことはなかった?　だから、そのカルチャー・ギャップというものが。

**高村**　私立で教えた経験はなかったですね。フェリスでは当初は情けなくて、授業の後、何だか涙がにじんできたこともありました。

**老川**　何コマぐらい?

**高村**　六コマか七コマ。

**老川**　では、結構……。

**高村**　数は結構ありました。学年ごとに色々なカリキュラムがあって。もっとも、中身は日本史、日本経済史、横浜史であまり変わらない。ですから準備はメモで済みますが、立ち続けでしゃべって疲れることがある。一番辛かったのは、ある学期に、午後の三～五限連続で講義があったこと。三コマ目は声が出なくなって、やはり年だなと思った。それと、大教室以外ではマイクは使わないことにしていましたが、ある時、プレハブ教室だったせいもあるでしょうが、「マイクを使って下さい」と学生に言われて、ショックを受けました。

**上山**　何か、先生が「教育労働者だね」とこぼされていたことを覚えています。

**高村**　フェリスも三年目（九九年度）から大学院を創ったのです。社会人受け入れのために普通の時間ではなくて、夜や土曜に開講した。そうしたら、研究科長の山之内靖さんが啖呵を切りまして、「これは年寄りがやる、若い人の負担は増やさないから安心して」と言った。だから、私も土曜日午前を担当しました。これで結構、予定を拘束された。一コマだけであって、しかも相手が一人だったりした。

**大豆生田**　大学院に、確か先生のお弟子さんがいらっしゃったと記憶しているのですけれども。その方々は、どのような研究などを？

**高村**　神奈川県の看護学校で産科の授業を担当している女性がいました。それで、神奈川県立公文書館にいた樋口雄一さんを紹介したら、相模原の産婆さんの大正期の史料を教えてくれた。なかなか面白い、具体的なケースの記録です。それを使った修士論文を書いて、今は、確か平塚かな、県立の福祉関係の大学の准教授になっている。

また、国際の大学院に限り男も受け入れることにしたので、横浜の市立高校の先生が来て、平和教育に熱心な人で、暇があると戦跡を、シンガポールなどを回ったりしていた。彼は結局、第一次大戦前後の横浜への亡命者のことを調べました。それから、開港資料館の松本洋幸さんの世話になって、川崎の方の昭和初年の社会運動家を調べた者もいた。さすがに修士論文となると一応格好をつけさせないといけないから、それなりに苦労がありました。

**中村**　合計で何人ぐらいになられるのですか、フェリスで面倒を見られた学生は。

**高村**　途中からですから、六年間の大学院で、私が指導教員になったのは、四人かな。学部学生でも、社会人がいました。横須賀の三笠病院のホスピスの看護師長の女性がいて、ヘボンさんのことで卒論を書いてもらったりした。結構社会人がいましたけれども、私とは色々話すけれども、せっかく大学に来ているのに、若い学生の方がなじめないようで、ゼミコンパの幹事を買って出てくれた人もいますが、大学生活を満喫するには至らなかったようです。

**中村**　私は、この時期、先生が退官された後に、研究会をフェリスでやっていて、あれが非常に面白かった。女子大になかなか足を踏み入れる機会がないので。Tシャツではいけないかな、などと色々話を中林君としながら。

**高村**　あの研究会はどのくらい続いたのかな。今思うと、東京方面から横浜経由で緑園都市まで、まあ遠いところによく来てくれたものですね。

**中村**　先生のご担当の横浜学ですが、学生の関心といいますか、反応はいかがでしたか。歴史をベースに？

**高村**　そうです。毎回、資料を配布した。原始古代から始めて現代まで。銀行の横浜の支店に勤務するようになった卒業生から、お客との会話などで横浜学が役立っていると礼状をもらったことはありますが、その程度です。

## 学部長として

**大豆生田**　学部長をやられたのは、何年ぐらいですか。

**高村**　後半の三年です。フェリスには結局八年いたのですが、三年目、四年目は評議員で、五、六、七年目は学部長で、最後の一年はさすがに重い役なしになった。

後半は、ちょうど二〇〇一年に、長年暮らした横浜から東京に引っ越した時に学部長になってしまってね。そうすると、教授会の後は付き合ってくれないのですよ、それまでと違って。声をかけても、付き合ってくれない。つまり、用を頼まれたりしたくないと思ったのでしょう。

**大豆生田**　付き合ってくれないというのは、その山之内先生や……。

**高村**　もっと若い人のことです。フェリスの教授会は月一度ですが、長い。文学部などは四時間以上やったりしている。私は、二時間半を超えないという原則を立てた。「その方針でやりますから、皆さん協力して下さい」と、かなり強引な議事運営をやりました。「こういうことがあって困っているから、何とかしてくれ」というような発言は認めない。具体案のない発言はやめてもらいたいと。それで、早く終わって、「さあ」と思ったら、みんな消えてしまうのです。

**中村**　何か問題が、その時期は。

**高村**　問題は、学部内では、どこでもそうでしょうが、個人的に不満のある人がいて、時に直訴して来たりすることは色々ありました。教務委員会では埒があかないから自分の時間割を何とかしてくれとか。教授会内部では当時は大問題はなかったけれども、他学部の人が公的にではなく、色々注文を付けに来ることがあった。

あのキャンパスは当初は国際交流学部だけで牧歌的にやっていたのに、ちょうど私が学部長になった時に、山手には音楽学部だけを残して文学部と大学本部が移って来て、騒がしくなってきた。文学部の人達は、国際は分家だと思っていたようで、学部長の私からすると、小姑のようにうるさいことを言う。何かに付け不統一は問題だと言って来るのです。

例えば、電話ですが、山手では個人研究室からは045にしか掛けられなかったのに、国際は03などに掛けているが、贅沢だ、善処せよ。文学部や音楽学部の教授会の時には最初にお祈りをしているが、国際はやっていない。それはおかしいのではないかと言って来たり。こちらは独立した学部だから、学部独自の判断があると、突っぱねましたが、随分色々言われた。

学部長としての私にとって最大の問題は当時の学長でした。偉い神学者で、辞めた後も、数年前に著書を出して学士院賞を受章されている。また、入学式などの式辞では、国際情勢などを的確に踏まえながらまことに見識のある話をされ、感動を覚えることもありました。

ところが、管理職としては大変な独裁者。自分が言い出したことは、何としても押し通す。学部は三つしかなくて、音楽学部長は財政問題があって発言力は弱い、文学部長はすごく不満を持っているが、クリスチャン内部の序列があるのか、何か言うとすぐにやり込められてしまう。そこで、「今度こそ、職を賭して発言する」と言うから、これは助太刀せねばと思っていたら、気が付くといつの間にか、私だけが学長とやり合っているということがしばしばだった。

色々あって、例えば、国際だけの時は門に守衛はいなかった。大所帯になるとさすがにまずかろうということになった時です。日頃から女性の社会進出を強調していた学長は、ボランティアで学生に守衛をやらせようと言い出したのです。

**大豆生田**　女性にですか。

**高村**　なかなか人の言うことを聞かないのです。それを、わーわー言って、ようやく諦めてもらった。もう一つ覚えているのは、百三十周年募金をした時に、某銀行は一〇〇万円出すが学生にカードを作らせろと条件を付けた。学長は、それを呑もうとしたのです。カードにはローン機能も付いている、もし大学名入りカードで問題が起きたら、大学は責任を持てるのか。どうしてもその一〇〇万円が必要なら私が出すとまで言って、やっと諦めてもらった。

それから、再選の時にかなり問題があった上、任期満了の日に論功行賞の職員人事を実現させたという人でした。権力を握らせたくないタイプの人だったから、止め男役には相当疲れました。全学の会議がある前は、いつも憂鬱でした。後半は、だからそのようなことが結構ありました。

あとは、国際交流学部自体は、人間関係も割に良くて。そうだ、嬉しかったのは、最後の年、たまたまその秋に、横浜文化賞をもらったのです。そうしたら、有志が呼びかけて、お祝いの会をやってくれた。

**中村**　フェリスの？

**高村**　はい。駅の近くの魚貝亭という店でやってくれたのですが、なんと、普段の教授会より多いくらいの人達が参加してくれました。これは、とても嬉しかったです。一番嬉しかった。そのようなことかな。

あと、学生は色々いましたが、退職後は、ゼミ同期生の同窓会に三、四回呼ばれましたが、驚くのは、二、三年のうちに転職している人が大半だったことです。フェリスは就職率が良いと自慢していたけれども、結局、ブランド指向で入社して失望する。銀行のつもりが、その系列のほかの金融機関に配属されたり、有名企業でも、いきなり営業を担当させられたり。しかし、再就職しているから、そこが不思議。一度国元に帰ってから、また出て来ていたり、結構動きが激しいという印象です。もう、ここ数年は、そのようなことはなくなりました。退職後八年が過ぎましたから。最後の学生でも、三十歳になります。

**中村**　国際交流学部ということで、先生が、何か外国と関わり、行ったりしたことは？　学部長の時は？

**高村**　学部長として外国に行くといったことはなかったです。むしろ、だんだん留学生が来てくれないから、どうするかという問題が出てきた。最初は韓国を主に結構いたけれども、やはりアジア金融危機があったでしょう。その後は、噂では、アメリカ行きが第一候補で、第二候補が日本だったのが、経済事情が変わってきたから、第二はフィリピンになった。フィリピンなら、英語が出来やすいから。それから、韓国人でもだんだん、中国の朝鮮族が増えて来ました。彼女達は、ハングル・中国語に加えて日本語ですから、国際化時代には適応しやすい。ゼミ生にも何人かいました。

## 理事長・学院長・学長

**老川**　クリスチャンの先生は何人ぐらいいらっしゃったのですか。

**高村**　教員では、国際で約三〇人中五、六人かな。多いですか。

**老川**　多くないです。

**高村**　それは分かる。要するに、ミッション系の全国の大学の学生定員が、総計の一七〜一八％なのです。ところが、日本の人口の中のクリスチャンは二％。その格差があるので、クリスチャンの教師を確保出来ないのは当然ではないですか。音楽学部は当時は確かゼロだった。カトリックは計算に入らないのです。文学部でも国際程度だったか。とにかく、学長選挙になると、クリスチャンの人材が不足するのです。適任者が少ない。

先の困った学長の後、私の前の本間慎学部長が「隠れキリシタン」だということが分かって、その人をかついで、学長になって頂いた。しかし、あちらの世界でも序列が厳しいのか、新参者は発言力が弱かったらしいです。キャンパス改造に際して、ビオトープを作るとか、様々な省エネの工夫を盛り込むとか、専門の環境問題に関しては種々改善を実現されましたが、先ほど言った職員人事を戻すなどは出来なかった。

**中村**　その隠れキリシタンというのは、学長にかつがれたりすると嫌だからですか。

**高村**　その理由はよく知りませんが、無教会派だったのではないでしょうか。

**老川**　理事長は、どのような方?

**高村**　理事長も、もちろんクリスチャンです。最初は、中島省吾氏で、意外にも、横浜国大の会計学の先生だったのが、ICU、国際基督教大学に移られたという。その次が小塩節さんで、東大文学部の先輩。ドイツ文学者で中央大学名誉教授、エッセイストとしても著名な方です。この人はおおらかで感じの良い人で、何度か一緒に飲みました。学長にかつごうと思って、逃げられてしまったけれども。

**老川**　理事長だといいわけですか。

**高村**　その時学院長だったのです。学院長というのは、中高大を通じて学院全体のキリスト教教育を督励する役職です。だから、普通とは少し違う。序列としては、理事長、学院長、学長です。学院長は小塩さんがやっておられて、我々はいわば格下げ人事を企んだという無理があり、そのうち理事長になってしまわれた。その後任学院長は、ICUから来られた。この人は堅物で、専攻がアウグスチヌスだそうです。

**中村**　大塩武先生が学院長になられたのは、どのような成り行きですか。

**高村**　それは最近のことだから知らないけれども、明治学院とはもともと姉妹校の関係があるので、あり得ることでしょう。

## 近年の研究

**高村**　ここで、還暦前後からの自分の研究について、少し話しておきたいと思います。

まず、還暦前に二冊の本を出しています。『再発見　明治の経済』は、五十歳代の個別実証的な仕事を収めた論文集で、若い人達の関心は後の時代に急速に移ってきていましたが、明治期の経済史にも、まだまだ魅力的なテーマがあるということを伝えたかったのです。一方、紡績業の勃興を可能にした株式会社制度がいかにして導入され、普及していったのかという問題は、長く気に掛かっていたテーマでしたが、吉川弘文館が「歴史文化ライブラリー」を始めるに際して、声をかけてもらったことを機に書き下ろしたのが『会社の誕生』です。

ところで、明治政権「絶対主義論」への疑問が私の研究の出発点だったのですが、その根拠とされてきたのが、「半封建的土地所有」と「鉱山王有制」でした。地租改正で確定したのが、限定付きであれ「近代的土地所有」であることは、今では広く認められたと思いますが、後者については、いわば手つかずの通説として残っていることが気になっていました。明治初年の鉱業政策など鉱業関係の論文を書いたのは、そういう関心からです。これらを中心に六十歳代の仕事をまとめたのが『明治経済史再考』です。

さらに七十歳になる頃からは、経済史という自己規定により長く封じ込めてきた、生身の人間に対する関心が押さえがたくなってきました。そんな時、ＮＨＫ大河ドラマ「篤姫」で小松帯刀に出会い、調べてみる気になりました。以前、維新政府が継承した旧幕府対外債務処理を調べた際に、この件で活躍した小松という人物が何者かという疑問を、持ったままなのを思い出したのです。『鹿児島県史料』をダンボール詰めで送って下さる方があり、また史料編纂所や憲政資料室に一次史料があることも分かり、専門外の研究はこんなにも楽しいものかと思いながら書いたのが『小松帯刀』です。味を占めて、今度は幕臣をと思っていますが、こちらは当然のことながら史料が少なく、いささか難航中です。

## 横浜市歴史博物館館長

**上山**　横浜関係の公職は、最初は、開港資料館の準備段階なのでしょうか。もともと市史編さんに関わられた……。

**高村**　最初は、ほぼ半世紀前、一九六四年の東京オリンピックの頃、当時進行中の第二次の『横浜市史』の編集調査員ということで、執筆メンバーに加えてもらったのです。それ以来、横浜の歴史とは長いお付き合いになりました。八五年に第三次市史の代表編集委員になった。その後、両方の財団の理事になったのは、多分、横浜市史をやっているからという……。

**上山**　開港資料館の準備段階は、いつ頃から始まっていたのですか。初めから、先生は、その中の？

**高村**　制度上の関係はない。『横浜市史』が終わりかけていましたが、その収集資料を前提に、準備が進んでいることは知っていたけれども。

『横浜開港資料館紀要』第五号に五周年記念の座談会が掲載されていますが、七八年一月設立研究委員会議が、遠山茂樹・石井孝・山口和雄・徳岡孝夫氏らで発足して、七九年三月に答申、八一年三月に条例が出来て同年六月二日の開港記念日に開館している。

**上山**　準備室に、私は半年いて。西池さん、それから、岡村さんとか。準備室があった。

**高村**　関内駅前の教文センターですね。僕は、石炭屋（明石屋）の資料を見るために、あそこに何度か行った。

**上山**　フェリスにいらっしゃる間に、横浜の財団の、最初は、普及協会の理事というのをされているのですね。

**高村**　横浜開港資料館が開館する直前に、八一年四月財団法人横浜開港資料普及協会が出来ていましたが、私が理事に加えて頂いたのは九五年七月からです。博物館の所属する横浜市ふるさと歴史財団では発足（九二年十月）以来の理事でした。いずれも横浜市史の責任者であることが前提だったのでしょう。間もなく、今のふるさと財団一本に統合されたのです。

では、財団の話に。ちょうど、二〇〇四年から。

**上山**　退職される時ですね。

**高村**　二〇〇五年の春がフェリス退職なのですが、『横浜市史Ⅱ』が完結したのが、四年三月ですよね、前の年の。

**大豆生田**　そうです。四年の三月です。

**高村**　二〇〇三年の三月でした。突然、電話がありまして、横浜市教育委員会の文化財課長から、横浜市歴史博物館の館長になって欲しいと言うのです。「いつから?」と言ったら、「四月から」と言うのです、三月に。

私は、その時はまだ、三年度は学部長の最後の年で、これは再選されてしまって、なったのです。ただし、事情を言いますと、本来、六十五歳で一つ区切りがあって、特例教授に切り替わって、六十八歳で定年が本来なのだけれども、大学院新設の関係があって、完成年次までということで、二〇〇三年度までは、本来の教授だったのです。だから、学部長の任期は二年ですが、なる資格は一年間だけはあった。四年度はもうないわけです、先がないことが分かっていながらと文句を言ったのですけれども、仕方がなくて、一年間やりました。

ちょうどその直前にそのような電話があって、そして、当時の館長の平野邦雄先生から電話があって、とにかく話を聞いてくれと。その時にやって来たのが、年度が替わって文化財課長になった堀江武史さんです。この人は、横浜市史編集室で長く係長を務め、随分尽力してくれた人です。学部長をやりながらの兼務は出来ないと、一応断ったのです。だけれども、ほかにいないと。

平野先生の話では、候補を三人考えたが、すでに二人に断られて、あとはお前しかいない。他の二人は歳も上だし時代も違うと言うことでしたが、確かに、博物館は前近代が中心ですから、近代の私が第三候補というのはもっともだと思いました。だから、いささかミスマッチの感じもありましたが、それでは学部長を辞めたらという話になりまして、それが夏頃かな。当人としては、まだ完全引退には早いかなというくらいの気持ちでした。とにかくひもをつけておこうということになったのでしょう、二〇〇三年の秋ですか。

**上山**　二〇〇三年十一月に、学術専門職。聞いたことがないですね。

**高村**　以前、考古の岡本勇さんがなったことがあって、その規則を見付けてきたのでしょう。それで一応、財団の人間ということになる。実際にやったことは、時々、知らない施設を見に行く。館長を引き受ける時も、週一度なら非常勤講師と同じだと考えていましたが、問題の学長が、教授会で承認を受けろと言うのです。仕方がないから手順を踏んで就任しましたが、最後の特例教授と館長とは一年重なっています。

あと、余談ですが、この最後の一年は、私的には結構大変だったのです。一つは、娘の結婚があって、これは父親としては別に大変でもないけれども、ちょうど結婚式直後に、女房が乳がんの手術を受ける予定になった。しかし、女房としては、動揺させたくないので結婚する娘に知らせたくないと言うのです。だから、娘達が新婚旅行に行っている最中に、聖路加病院で手術を受けた。その後、横浜文化賞をもらい、授賞式があって、他の人達はご夫妻で来ていましたが、女房が退院して間もなかったから、一人で行ったということはあります。

この頃、歴博の実情はどうだったかというと、平野館長は八十歳ぐらいだったかな。だから、実際にはあまり出て来られない。月に一回位で、実際は学芸課長の前沢和之さんが切り回していました。有能な人で、開館以来の経験もあり、私が出勤しても最初は何もないのです。毎週一日出勤しますが、財団全体の課長以上の会が月一回あるくらいです。博物館の会議には出なくていい、「必要な時は、相談に行きますから」と言うのですが、それもないのです。

無風状態の時はそれで実際問題として支障はないのでしょうが、あとで話すように、まるで私が館長になるのを待っていたかのように、次々と外圧がかかってきて、具体的成果を数字で達成しないと許してもらえないという情勢になってきた。そうなると、上下の風通しを良くし、お互いに置かれた状況をしっかりと認識し、全体が一丸となって努力しないと、とても目標達成とは行きません。そのためには、組織の整備も不可欠です。そこで、次第に館長を中心にした月二回の運営会議などを整備して行きました。理事長になってからは財団、各施設の組織を整えて、今の企画会議や管理職会議の形が出来てきました。

## 五 役兼任

**高村**　館長になって一年経って、当時平野先生は、理事長は続けておられました。横浜市ふるさと歴史財団というのは、博物館だけではなくて、横浜開港資料館や、横浜都市発展記念館、横浜ユーラシア文化館、埋蔵文化財センターなど、要するに市が設置した歴史関係施設の管理運営に当たる組織で、各館の職員も財団所属の職員なのです。

財団の理事長は、初代が、当時の高秀秀信市長のご指名で、元日産の大物会長石原俊氏でしたが、実際には理事会の時だけ来て、議長をするだけだった。「今、横浜の人口は何万人ぐらいですか」などと聞きながら、議事進行をやられていた。長く務められた後、私が館長になる二年ぐらい前に交代して、平野先生が務めておられたのです。

私としては、館長は引き受けたけれども、それ以上のことは頭になかったのです。理事長は当然、先生が続けて下さると思っていた。ところが、辞めたいと言い出されて、大分説得したけれども、とうとう自分で教育長に辞表を出してしまわれたのです。そして、「あとは高村でいいと思うと言ってきた」と。結局、二〇〇五年の七月、理事長になって、その後、今年六月まで八年間も理事長を務めることになったのです。

財団の理事長は、人事等、法的にも最高の責任者なので、考え出すとなかなか大変です。そうしたら、さらにその翌年、二〇〇六年四月に、今度は関内方面の三館の館長を引き受ける羽目になってしまった。

この館長職について、開港資料館の場合を言いますと、オープンしたのが一九八一年、初代館長は遠山茂樹先生で、八五年に横浜市史を引き受ける時には、色々ご助言を頂きました。かなり長くやられたのですが、確か二期目の途中で、多分、市の要請でお辞めになったのだと思います。その後は、元教育長など市の局長クラスの、要は天下り先になったのです。それがずっと続いていた。もう少し具体的に言うと、天下りの人が財団の常務理事になるのですが、その兼任という形で、関内三館の館長をやっていたのです。

私が理事長になった時に常務理事だった人は、やはり元教育長で太田常彦さん。この人は、任期途中に中田宏市長が登場して、文科省から別の人を連れて来て教育長にしたので、追い出されて財団に来たのです。教育委員会にとっては扱いにくい相手で、だから、関係が円滑でない。太田さんは、開港資料館館長として上海の博物館館長会議に出ることになって、伊藤泉美さんが秘書役で付いて行ったと思います。帰って来て言うには、「やっぱり館長は専門家じゃないとまずいですよ」と。あの人は、横浜国大で私と入れ違いに学生だったことが分かったりして、個人的にも飲んだりしていました。

もう一つ、より大きな理由は、ちょうど指定管理者制度適用になるところですから、この辺が微妙で、外郭団体であるとはいっても、トップに天下りの人間がいるのはまずいという配慮が出てきて、市の側に。私はあくまで外部の人間ですから、よく分かりませんが、そのような両方の理由があったと思うのですが、館長職を頼まれた。

私はもともと、開港資料館の館長ならやってもいいという漠然とした気持ちがあって、それが、あにはからんや、歴博になってしまったのですが、やはり専門職が館長であるべきだと思っていたので、引き受けました。その結果、二〇〇六年度からは理事長と四館館長との五役兼任という、当初全く予期しなかった事態になってしまった。外部評価を受けることになると、あまりにも一人に集中していて問題だと指摘されるようにもなった。

**中村**　四つの館長と理事長を兼任するという時代の時間配分というのですか、どのようにされていたのですか。

**高村**　それは、幸いに、多ければ多いで、何とかなるものです。関内の三つの館（横浜開港資料館、横浜都市発展記念館、横浜ユーラシア文化館）は、相互に場所が近いし、運営会議は合同にしてもらって月二回。博物館の運営会議も、月二回。それと、財団の会議がありますが、大体博物館の会議の日に合わせてやってもらうから、結局、うまく行けば週一日、臨時の用があっても週二日で収まった。兼任だからということを口実に、手抜きをしたという批判があるかもしれません。

**中村**　でも、行政との交渉などは、週二日に収まらないのではないでしょうか。

**高村**　理事長が出向くというのは、一応「おおごと」なので、年に何回かです。

## 押し寄せる外圧

**上山**　近年大分ストレスを感じておられるという印象を持っていたのですけれども、初めの頃はそうでもなかったということですか。

と書いてある。

**高村**　最初は割と呑気で、隠居仕事も悪くないなと思っていた。しかも、館長依頼の段階では、メモが残っていますが、場合によっては、月に一回でもいい、書類に判を押してもらいに出向いてもよい

**上山**　どこかの時点で変わったということですか。突然ですか。

**高村**　二〇〇四年の六月ぐらいかな、最初にぎょっとしたのは、特定協約の話です。館長になって間もなく、財政整理の一環として、三十数団体を数える市の外郭団体のあり方を見直すということになった。外郭団体である財団と市が、四月に遡って特定協約というものを結ぶことになった。三年間でしたか、易しくない努力目標を五項目約束して、過半数達成出来れば良し、半数以下なら廃止を含めて財団の存否を市が検討するというものです。

これが財政問題を理由とする市からの「外圧」の最初でした。要するに、市の財政負担は極力減らす、市民サービスは向上させる、そういう努力を具体的に要求し、出来なければ最悪の場合廃止するということです。

その次の年が、第二弾の指定管理者制度の問題でした。二〇〇五年の五月か六月に、翌年度から我が財団も対象になることが分かった。それまでは教育委員会ものんびりしていて、我々の方には適用されないでしょうと言っていた。そのはずだったのが、横浜市の自民党のグループかな、中田市長と会った時に、指定管理者制度を是非やるようにと言われて、ほかのことを交換条件に、やるという約束をしたらしいのです。それで、「聖域なき改革」という掛け声で、例外なしに指定管理者制度が適

用されることになった。しかも、財団一本ではなく、主要四館を対象に館ごとに管理者を募集するという。

もっと大きな組織ですと、一個所が外れても人事異動で何とか吸収出来るけれども、主要館だとほかに持って行き場がないから、結局、主要なところが外されたら、もう財団としてはやって行けないわけです。各館ほとんど八割以上は補助金でやっているのです。

ちょうど交代期だったので、太田常務が「もし指定管理でうまく行かなかったら新理事長に傷がつくから、悪いけれど、もうちょっと現理事長に続けてもらえないか、白黒つくまでお願い出来ないか」と言ったこともあった。しかし、「さすがに今となってそんなことを言うのは申し訳ないから、それは覚悟しましょう」と言ったことを覚えていますけれども、非常に危機感を持ったのは事実でした。

現場の人達を含めて知恵を出し合って、秋頃に応募の提案書を出したら、そうしたら手を挙げてきたのです。博物館と開港資料館に対して一つずつ。国際航業と乃村工藝だったたか。前者は、飛行機で観測して地図を作るのが本業だが、文化財事業も手掛けており、もう一つは有名な展示業者で、後者は一次は受かった。二次になったのだけれども、当時の文化財課がきちんとした規定を作っていたのです、条件を。例えば、どのような人を配置するか、具体的に書いて来いと。それで二次出願を諦めたようです。

技能文化会館、あるでしょう、石の公園の近くに。大工さんの伝統技術の展示場です。市長のスポンサーだったファンケルがそれを取った。それから、これは横浜ではなく、大船に鎌倉芸術館というものがあって、フェリスも一時、入学式に使ったことがありますが、そこがやはり取られて、役員が自殺したという事件もあった。

**上山**　そんなことがありましたか。

**高村**　だから相当、そのようなことで、まさにストレスです、取られたらどうしようと。

結局、五年間は首がつながった。ただ、提案書で、やはり仮想の競争相手を強く意識しますから、数値目標にしても、うんと背伸びして右肩上がりで出すわけです。一方では人も予算も減らすと。それが発効したのが二〇〇六年度から。

良く解釈すれば、これを機に市民サービスをより本格的に進めなければという気持ちが、現場に相当浸透したと言えるでしょう。質の良い企画なら見る人が見れば分かってもらえると、自己満足で終わらず、より多くの市民に分かってもらい、親しんでもらえる工夫を強めることになった。現場の人達もそれぞれ随分努力してくれました。展示の見せ方や解説の分かりやすさ、子ども向けの説明、企画展関連事業の豊富化、体験学習や集客事業の多様化などなど。これらを内容豊かにするには、当然各館・施設の連携強化が欠かせないのです。

**上山**　四つの施設同士で、他の施設に対するいろんな思いもありますからね。

**高村**　当初、施設間の関係は、正直なところ必ずしも円滑ではなかったのですが、今は、それも随分良くなった。学芸方は自分の館・施設に強い誇りと愛着を持っている。それは貴重なことなのですが、反面他館・他施設に対して、同じく横浜の歴史を担っているのに、連帯感が乏しい嫌いがあった。何とかもう少し協力してもらえるようにするのに、大分気を遣いました。

その点では、皮肉なことに指定管理者制度が意味を持ちました。単館ごと指定となった時に考えたのは、手を挙げる相手がいるとすれば、それは単館狙いに違いない。それに対抗するには、こちらは関連施設があるから、連携しての総合力をバックに単館運営も出来るということを言おうではないかと。だからむしろ、ばらばらにされそうだから、かえって連携せねば、そういう気運が出てきたと言えると思います。

特に、関内の開港・都発と市史資料室の三施設には近代の関係の専門家が合わせると一〇人近くいるわけです。そのようなところは、あまり地方レベルではないと思います。

**中村**　ないですね。

**高村**　だから今、上山館長が努力されていますが、力を合わせたら、すごいことが出来るはずだと思う。現に力のある人がいるわけだから、あとは、うまく協力する、変な壁を破って協力すれば、全国で注目の的になるようなことをやって行けるだろうと。

ところで、先に集客事業と言ったので思い出しましたが、これは指定管理者以前ですが、私の館長初年に、一月末の開館記念日に際して「感謝デー」と銘打って土日無料入館を試みました。これは現場の考えたことです。幸い好評でかなりの入館者があり以後恒例化しましたが、先の堀江さんが休日なのに心配して見に来て、お互いによかったと喜び合ったことがありました。当時はそのように、教育委員会と財団が二人三脚で文化財行政を担っているという実感があった。しかし指定管理者制度以後には、教育委員会は財団の監督、監視役という感じに変わってきたように、私などは感じました。
そうしたら、またその次に、翌年二〇〇七年に、今度はネーミングライツ問題。

**上山**　ああ、ありましたね。

**高村**　指定管理者として五年間の契約をしているのに、それとは別に看板を貸して金を稼げと言う。「箱もの」なら名前が付いてもかまわないけれども、企業の名前が付くと妙なことになってしまう。「キリン博物館」や、「ファンケル資料館」というようなことでは、訳が分からなくなる。それは出来ないということを文書で教育委員会に出した。総務局が言い出しっぺで、それが厭なら別途それに見合う金を稼ぐ計画を出せと言う。結局、教育長が「やります」と返事してしまった。いよいよ土俵際に追いつめられてしまったのです。

今度は現場の連中です。資料を寄贈や寄託して頂いている人達に、ことの成り行きを伝えた。その人達が怒り出して、そのようなことになるなら、資料を引き揚げると言い出したのです。旧家が多く、やはり市会にもコネがありますから、結局、党派を越えて、市会で何人かが問題にしたのです。もう一つは、ＮＨＫの横浜支局の人が結構熱心に取材をしてくれて、「首都圏ネットワーク」で放送してくれたことも、一つ役割を果たしたのではないかと思います。

結局、中田市長が、市会で一部取り下げるということで、ほっとしたということがありました。だから、特に前半、毎年のように大波が押し寄せてきた。

その頃、上山君、老川さん、鈴木君達七、八人が、私を囲む飲み会を開いてくれましたが、あれは、私が嫌気をさして投げ出すのを心配してくれてのことではなかったかと思います。

## 開港百五十周年

**上山**　市史資料室は、先生が理事長の時に出来たのですか。

**高村**　『横浜市史Ⅱ』が二〇〇四年三月に終わって、取りあえず三年期限で同じ場所で、編集室の名前が変わって資料室ということで存続した。その間、あとの行き先として廃校になった小学校が予定されたが、場所がよいので売りに出すという市長の判断で取りやめになった。ところが、幸いなことに期限末近くに、野毛の中央図書館が受け入れてくれることになった。法制課の担当課長と図書館の資料課長の尽力です。そこで、二〇〇七年度に引っ越して八年一月に開室した。組織としては総務局法制課の管轄だが、現場の下請けとして、財団職員が四人配置されている。これは三年期限の随意契約です。

私の理事長時代の中頃、大事なことがありました。二〇〇九年の横浜開港百五十周年です。各館で特別の企画展を開催しましたが、これを記念して各館の総力を結集して、原始から現代に至る図説『横浜　歴史と文化』を開港記念日に有隣堂から刊行しました。実はその二〇年前、市政百周年事業として私が総監修ということで、市民局から『図説　横浜の歴史』を出しましたが、その時は、埋蔵文化財センターおよび開港資料館の学芸方と大学関係者との合作でした。しかし今回は、歴史博物館や都市発展記念館が出来たこともあり、基本的に財団の学芸方で全体を作り上げることが出来ました。その点が二〇年前との大きな差だと思います。

また、市史資料室も、横浜の歴史に通暁している久野淳一係長の陣頭指揮のもと、学芸方が頑張って写真集『昭和の横浜』を刊行しました。

指定管理者については、教育委員会と財団との二つの外部評価委員会のチェックを受けながら、一年ごとの目標をまずまず達成しつつ、五年目の一〇年度には、次の指定管理者に応募することになりました。やはり見えざる競争者を意識しながら背伸びした計画を準備しましたが、今回は結果的には、公募ではなく個別審査ということで、一一年度から五年間の指定管理が認められることになりました。提案書に記したことは対外的な約束ですが、達成して行くには容易ではない努力が求められています。

後半には、これは異質の「外圧」ですが、法人の法律が変わって、五年以内に公益財団法人に移行しないと、市から補助金をもらう資格がなくなることになりました。それは、手続き的に会計処理の変更とか色々あり、管理系は苦労が多かったでしょうが、私自身は大変と言うほどのことはなく、予定よりは遅れましたが、二〇一一年六月に移行しました。

今度は、やはり財政問題からくる今ひとつの「外圧」、いわゆる「あり方問題」が起きてきました。財政改革のための改革委員会という諮問機関が出来て、無駄遣いをしているような組織を槍玉に上げて、整理を勧告することになった。それに引っかかったのが、横浜都市発展記念館と横浜ユーラシア文化館で、入館者が甚だ少ないと。財務が問題ですから、みなとみらい線駅のすぐ側にあって、貸しビルにすれば年間かなり稼げるのに、この収入は何だという話になるのです。廃止を含めて抜本的にあり方を考えろと。ただ、その答申をよく読むと、最後に、これはあくまでも財務上の判断であって、文化政策上の判断は市に委ねると書いてあるのです。

ところが、市はその答申を鵜呑みにしたのか、ではあり方を抜本的に検討するということで、一一年度に「あり方検討委員会」を創った。それで「まな板の上の鯉」のような立場になって、私はずっとその後は沈黙を守ったけれども、委員の一部に頑張ってくれた人がいました。去年の春に答申が出ましたが、ユーラシア文化館を移動して、歴史博物館に統合するという案になった。ただし、その前段階として、第一段階を設けて、現状で入館者増に努力すること、その様子を見ながら決するということになりました。

目下は執行猶予状態ですが、現場が大いに頑張って、小学生のグループを呼び入れるなどして、従来の三倍近い実績を上げるようになっている。何とか現状で続けられるのではないかと期待していますけれども、そこは決着がつかないままに、私は後をお願いして退くことになりました。まことに勝手ながら、責任がなくなってほっとしているというのが、正直なところです。

**大豆生田**　先ほどのあり方検討ですが、では二〇一一年に出来たということですか。

**高村**　二〇一一年度のことでした。あと一言言っておくと、私は、この年の秋に、七十五歳になっています。

**中村**　後期高齢者。

**高村**　もともと、その辺で引退を考えていたのです。館長についてはそのようなことで、博物館は鈴木靖民さん、開港と都発は上山和雄さんに引き継いでもらったのが、一一年七月と四月でしたか。

**上山**　私は、四月。

**高村**　そうですね。理事長もその頃に引きたかったけれども、ちょうど公益財団問題があったものですから。これは、申請の段階から、初代のメンバーを明記して申請するのです。だから、一期二年だけはやらないといけないと思って、延びていたわけですが、幸い、おととい（六月十九日）をもって第一期が終わったので、引かせて頂いて、今は自由の身です。

**上山**　私も館長を引き受けて、今までよく存続出来たなという感じがすることがあります。

**高村**　館がね。いや、私もそのように思うことがあります。

**上山**　今の状況を考えていると、昔は特殊だったなという、よく存続出来たなという感じです。

**高村**　やはり開港資料館が出来る頃（一九八一年）や第三次横浜市史がスタートした頃（一九八五年）は、後から見ると市の財政もまだゆとりがあった。バブル崩壊後には財政も悪くなり、その後、中田市長が大分締めにかかった中で、特定協約や指定管理者制度が始まった。大いに危機感を持ったけれども、何とか生き延びてきているという感じでしょうか。

ただ、この前の改革委員会のように標的にされると、かなりの予算規模なので怖いですね。こちらは、博物館は、学校教育に大事で不可欠だということは言えると思う。開港資料館は、何と言っても横浜市民の共通基盤とも言える「開港」を押さえているし、都市発展はその姉妹館だと言える。問題は、ユーラシアでしょうか。私は、国際都市横浜にふさわしい、宝石のような存在だと言っています。

**中村**　それではこれで、有難うございました。

# 鶏肋抄

## 『国史大辞典』編集の頃（『本郷』第三五号、二〇〇一年九月）

この度、『日本近現代人名辞典』が刊行されることになったが、その母体になったのは、『国史大辞典』の近現代関係の人名項目部分である。

私が『国史大辞典』の幹事（のち編集委員）に加えていただいたのは、随分以前のことになるが、編集事業がスタートして間もない一九六五年（昭和四十）の秋であった。

編集作業はまず、既存の辞典の項目をカード化することから始まったが、当時は「たたき台」にできる辞典は、とりわけ近現代の分野では少なく、詳しいものといえば河出書房の『日本歴史大辞典』や東洋経済新報社の『日本近代史辞典』くらいであった。

私の担当した経済関係人名については、それぞれ特定の分野で密度高く人名を収めていたが、全体としては手薄な印象が強かった。そこで、各種の概説書などの本文や索引から人名や事項を拾い出して、カードに記入する作業を重ねていった。

カードは吉川弘文館特注のＡ５版のものであったが、一枚に一項目ずつ書き入れるのは手作業であった。カードを五十音順に並べて入れる箱も、ボール紙の手製のものであったが、数年の内に書棚に多数の箱が立ち並ぶようになった。

このカードを一枚ずつ繰りながら、近現代担当四人で検討協議して採択項目と枚数を決めていくのにもかなりの時間がかかったが、その結果を分野別にまとめたリストも、いまは見かけなくなった湿式の青焼きコピーであった。いまにして思えば、まさに「手作り」の時代であった。

採択項目が決まっても、適当な執筆者を考えるのが一苦労であった。自分自身の見識の狭さのためではあるが、近年のように経済史・経営史が成熟していなかったのも事実であった。適当な人が思い浮かばないままに、自分が引き受けるということも少なくなかった。

数年前、一寸した必要があって私の執筆項目を調べてもらったことがあるが、その一覧を改めて眺めてみると、人名項目は六十五項目に上っている。しかもそのうち、自分の専門、少なくとも研究論文の中で言及したといえる人物はむしろ少ない。刊行後、当該人物の地元の博物館の方から、関係史料について問合せを受けて冷や汗をかく思いをしたこともあった。

執筆者から依頼原稿を頂く苦労の多くは事務局のものであったが、こちらの注文に対して直接お叱りを頂くこともあった。特に、全時代の方針として人名項目の最後に墓所を記すことになっていたが、わずか二百字の原稿に墓所まで調べて書けというなら、もう執筆は断るといわれたこともあった。結局、途中からは事務局の調査に委ねる場合が多くなった。

ようやく一九七九年に、多数の執筆者の方々の御協力を得て第一巻が刊行されたが、その後も多くの年月を要し、本文編最後の第十四巻の刊行は一九九三年（平成五）になった。そして、編集・刊行がきわめて長期にわたったことは、近現代固有の問題を引き起こすことになった。

年月の経過とともに研究が進展して、従来は軽視されていた人物の評価が改められて重要視されるようになるといったことは、どの時代についてもままあることだが、近現代では、人名については原則として生存者は採択しないという方針を取ったことから、収録に至らなかった重要人物が、当該巻の編集・刊行後に亡くなるという事態が続出していったのである。

補遺が最後に準備できたので、その点を補えたのは幸いであった。一九九六年刊行の第十五巻上での追加は、このような事情から、当該巻編集時以後の物故者が主になったが、それ以外に、本来収録すべきであった日立製作所の小平浪平、「日経連の闘将」前田一などの経済人を、この機会に追加した。

さらに今回、本辞典の編集に際して、経済人で追加したのは、経済学・経済史学者の大塚久雄・古島敏雄・脇村義太郎、財界人の前川春雄、実業人の井深大・盛田昭夫、技術者の島秀雄など、いずれも近年の物故者である。本辞典には結局、全体としては人名百十二項目を新たに加え、立項された人物は外国人を含め四千五百余人となった。

かつてとは異なって、近年は近現代関係の人名を収録したさまざまな辞典が刊行されており、人名項目の多さでは本辞典を上回るものも見られるようになっている。しかし、生年月日・出生地・父母、死没年月日、著書・研究論文などを含む記述内容の詳細さでは、依然として類を見ないと自負している。巻末の詳細な索引と没年月日順に配列された人名項目一覧を含め、広く読者諸氏が活用してくださることを期待したい。

## 横浜学へのいざない（フェリス女学院大学ホームページ）

国際交流学部に「横浜学」という授業科目があるのはなぜでしょう。フェリスは横浜にあるから地元のことは知っておいた方がよい、という答えは、間違いではありませんが不十分です。それに加えて、国際港都として発展してきた横浜の歴史には、国際交流を考える素材がいっぱい詰まっているから、というのが私の答えです。

皆さんがよく知っているように、江戸時代末頃までの横浜村は、半農半漁の平凡で小さな村に過ぎませんでした。ところが、今から約一五〇年前、運命のいたずらというべきか、ペリーと幕府役人の条約交渉の場に選ばれ、さらにその数年後には住民を追い出して開港場が建設され、日本で最も多くの外国人が居住する街になったのです。

開港にともなって、外国貿易が始まり国内経済に大きな影響をもたらし、また、開港の是非をめぐって国内の政治状況が緊迫し、ついには幕府の崩壊に至ったことなどは、日本史の教科書にかなり詳しく記述されています。もちろん、それを知っておくことは大事なことです。ただ、どこか自分とは関係のない、いわゆる暗記物という感じがつきまとわないでしょうか。

そういうある種のもどかしさから抜け出して、歴史の現場に立ったという実感は、地域に即することで生まれてくるように思います。二〇〇年以上の鎖国の後、この地域や周辺に住む人々は、やってきた外国人をどのように見、彼らにどのように接したのでしょうか。地域に即することで、そういった問題にも光を当てることが可能になるのです。

生麦事件で有名な生麦村（現鶴見区）の名主であった関口東作という人は、アヘン戦争のことを記して発禁になった書物を筆写したりして、海外に関心を持っていました。また欠かさず日記を付け、「海防」のため東海道を往き来する大名たちの動向を書き留めたり、回ってくるお触れを書き留めたりしています。ペリーの二度目の江戸湾出現に際して、見物に行ってはならないとのお上の達しを、名主としての東作は「小前」（一般の庶民）を呼び集めて伝え、承った証拠の印を押させています。ところが、なんと自分はその十数日前、「異国船見物」の親戚を案内して横須賀まで船で同行していたのです。

また、磯子村（現磯子区）の村役人で堤磯右衛門という人は、このとき江戸湾に現れたミシシッピ号をかなりリアルに写生した彩色の絵を残しています。黒船を恐れて逃げ出す人がいたのも事実ですが、強い関心を持って観察する人もいたのです。磯右衛門は、土木建設業者として横浜開港場建設にもかかわっていますが、横須賀製鉄所の建設工事に従事していた折り、フランス人に「シャボン」というものを教わり、大変な苦心の末に石鹸製造に日本人で初めて成功しました。

はるばる日本目指してやってきた外国人も、なんとか異国を理解しようと努めていました。マーガレット・バラさんは、夫のジェームズ・バラとともに伝道のため、アメリカから帆船で喜望峰を回って約半年もかかって日本にやってきました。成人になって間もない彼女は、好奇心旺盛で、その見聞を多くの手紙に記しました。当初はヘボン博士と同じ成仏寺（現神奈川区）に住み、近辺の農村を散歩した際に見かけた女性のことを、次のように記しています。

若い娘については、平たい鼻とかしいだ眼が気にならなくなってからなら、とても可愛く見えます。娘たちはきれいな白い歯ときらきらした黒い瞳をしていて、血色がよくいつも快活です。……婦人はアメリカと同じように外出するのも人を訪問するのもほとんど自由です。ほんとに、日本では婦人の交際上の自由が広く認められていますよ。

（マーガレット・バラ、川久保とくお訳『古き日本の瞥見』有隣新書）

開港後の横浜に来た外国人の書き残したものや、横浜の歴史上重要な問題を取り上げた文献は、新書版の手頃なものだけでもたくさんあります。また博物館、資料館もいくつもあり、常設展のほかに年に数回ずつ特定テーマの企画展も開催しています。文献や展示を手がかりに、あなたも歴史の現場に立ってみませんか。

## 「『横浜市史Ⅱ』完結にあたって」（『市史研究よこはま』第一六号、二〇〇四年三月）

『横浜市史Ⅱ』の刊行事業は、本年度の総目次・索引編の刊行を以て完結を迎えることになりました。

横浜市の市史刊行事業には、戦前の『横浜市史稿』、戦後の開国一〇〇年・開港一〇〇年を期しての『横浜市史』がありました。それに続く第三次の横浜市史の編集事業が、市政一〇〇周年記念事業の一環として発足したのは、昭和六〇（一九八五）年六月のことでした。

発足当初は「横浜の空襲を記録する会」が収集したもの以外には、手持ちの資料はほとんど皆無という心細い状況でした。しかし、アメリカ国立公文書館をはじめとする海外資料を行政側の支援により調査することによって、戦時期・占領期の多くの貴重な資料を収集できましたし、また横浜開港資料館等の協力により地域の方々や市政関係者、さらに企業関係の資料なども広く集めることができました。

当初の事業計画は一〇年で、通史編三巻・三冊、資料編三冊などを刊行することになっていましたが、内外から予想以上の資料を得られたこともあって、計画は二度にわたって改定されました。その結果、最終的には一九年という歳月を要しましたが、『横浜市史Ⅱ』として、通史編三巻・六冊、資料編八巻・九冊、総目次・索引編一冊、合計一六冊を刊行したことになります。

『市史研究よこはま』創刊号（一九八七年三月）に私は、「新しい市史の編集にあたって」という一文を寄せました。そこにおいて、通史編は昭和五（一九三〇）年頃から戦時期、占領復興期を経て高度成長期に至る現代の時期を対象に、「重化学工業化と都市化という二つの柱を中心に据えたい」とした上で、次のように記しました。（中略）ここに記した市史編集の狙いは、幸いにして、完全にとはいえませんがおおむね達成できたと考えています。

また資料編については、（中略）当初の予想よりはるかに多方面にわたる資料を活字化することができました。

さらに（中略）刊行事業の推進を優先したためもあって、整理が済んだのは収集資料の一部にとどまっています。これらの資料は、市民にとっても学界にとっても貴重な知的財産であり、整理し広く公開されるべきものと考えております。

今回の市史刊行事業は、ここでひとまず終了いたしますが、収集資料の整理と公開準備の作業が引き続き実施されること、そしてそれが、近づきつつある開港一五〇周年を期して再開されるであろう新たな市史編集事業の前提の一部になることを期待しております。（後略）

## 横浜現代史のシンボル山下公園（『有隣』第四六一号、二〇〇六年四月一〇日）

### 日本初の臨海公園の誕生

横浜で知っている場所を一つあげてくださいと、横浜に余りなじみのない人に尋ねたとしたら、どういう返事が戻ってくるだろうか。意識して調査したわけではないが、おそらくは山下公園と「みなとみらい21」とが、答えを二分するのではないだろうか。

「みなとみらい21」が現在の横浜のシンボルであるとすれば、山下公園は横浜現代史のシンボルであったと、私は考えている。横浜市民はもちろん、横浜を訪れる多くの人々に、憩いの場として親しまれている山下公園は、明治や大正の時代には存在しなかった。

横浜をいったんは壊滅させた一九二三（大正十二）年の関東大震災、その復興の過程で、現在につながる横浜都心部の姿が整えられ始める。この公園も、震災復興事業の一環として造成されたものであった。震災後四十日ほどして、山下町旧居留地の地先海岸が瓦礫《がれき》の捨て場所に指定された。それは「海岸遊歩道」の造成を想定してのものであったといわれるが（田中祥夫『ヨコハマ公園物語』）、この埋立地に、一九三〇（昭和五）年三月十五日に日本初の臨海公園として誕生したのが山下公園であった。

のちにこの公園と深いかかわりを持つことになる日本郵船の氷川丸が、横浜船渠《ドック》で建造され、シアトルに向け処女航海に出発したのは、その二か月後であった。なお、その三年前、やはり復興事業の一環として市が建設して業者が経営に当たるホテルニューグランドが、公園の向かいに誕生している。

以後、この公園は時代の変遷を映し出す鏡のような存在になっていった。

「大横浜」をめざして　復興記念横浜大博覧会

ところで、都市計画法が制定された一九一九（大正八）年ころから、大都市が「大東京」「大大阪」など叫んで、従来の市域を越えていっそうの大都市化をめざす動きが強まっていた。

横浜市も「大横浜」をめざして、震災復興に並行するように、鶴見・保土ヶ谷を含む第三次市域拡張、工業都市化のための子安・生麦地先埋立、港域拡張のための外防波堤造成という「三大事業」を展開した。一九三五（昭和十）年、復興のための巨額の借金を抱えながらも、「大横浜」実現に向けての一大デモンストレーションとして、復興記念横浜大博覧会が山下公園を舞台に開催される。六十日間の入場者は、当初予想の七十万人をはるかに上回って二百万人を超える結果になった。

博覧会の前年に出版された山本禾口文・小島一谿画『横浜百景』は、この公園について次のように述べている。

震災の洗礼に依る、大破壊のあとの、大なる建設中の傑作として新横浜人の驕《おご》りの随一である。噴水のあたり旧フランス波止場の入江のあたりもいゝ。ニューグランドの赤い灯青い灯紫の灯が、漫歩の瞳に童話めいた連想を投げかけるのも悪くない。

## 二度の接収　海軍から米軍へ

早くも多くの人々に親しまれるようになった山下公園であるが、戦争はこの公園をも例外扱いにはしなかった。山下公園は二度にわたり、別の主体によって接収されたのである。

太平洋戦争の戦局が悪化した一九四三（昭和十八）年暮れ、山下公園は日本海軍によって接収された。公園の広場や芝生は上陸用舟艇や軍用資材の集積所にされ、憩いの場は軍用地へと性格を変更されたのである。

一九四五（昭和二十）年八月、日本は降伏し、連合軍に占領されることになった。三十日、厚木にマッカーサー元帥が到着してホテルニューグランドに宿泊した。九月二日には、公園から遠くない本牧沖に停泊したミズーリ号甲板で、降伏文書の調印が行われ、大桟橋と山下公園の間に、上陸用舟艇で海兵隊が続々と上陸した。

日本占領の軍事拠点になった横浜では、広い地域と多くの建物が占領軍によって接収された。一九四六年九月末現在、接収中の土地面積は、中区では三百九十二ヘクタールで、区域の三四％にも当たっていた。大空襲の被害を免れていた山下公園には、将校の家族用住宅が建ち並ぶようになった。住宅難にあえぐ市民にとっては、金網で区切られた向こう側で、ゆったりとした敷地のなかに七十戸の住宅が建てられ、子どもがブランコで遊ぶという光景は、夢のような別世界に見えたであろう。

日本が主権を回復する一九五二（昭和二十七）年ころから徐々に接収解除がなされていった。しかし山下公園は、五四年に噴水・船だまり付近が解除されたものの、依然として将校宿舎三十数戸が残っていた。

## マリンタワーと貨物線

一部解除を受けて、一九五六（昭和三十一）年七月二十日に山下公園前で「海の記念日」第一回国際花火大会が開かれ、翌年には大型遊覧船「よこはま」が就航している。五八年には、開港百年記念祭を前に公園条例が制定され、公園管理事務所が一九か所に設けられたが、このうち山下公園はまだ接収中であった。

山下公園が全面的に接収解除されたのは、戦後も十五年経過した一九六〇年にずれ込み、たまたまではあるが、国会周辺が安全保障条約改訂反対のデモで埋めつくされた六月十五日のことであった。翌月からは終夜開園が実施され、この年の花火大会は戦後最多の六万人でにぎわった。

山下公園が全面返還された同じ年、氷川丸は太平洋横断二百四十六回の記録を残して最後のシアトル航路就航を終えた。翌六一年、氷川丸観光によって公園前に係留され、また、これを見下ろすようにマリンタワーが登場した。

このように山下公園は、新しい姿で多くの人々の憩いの場として復活したのである。ところで、接収の影響で横浜の戦後復興は他都市より遅れていたが、一九五〇年代半ばから始まった高度成長のもと、急激な工業化と都市化が、これまでの遅れを取り戻せとばかりに激しい勢いで進行していった。その嵐は港湾地帯に位置する山下公園をも巻き込んでいった。

一九六一年の横浜市会全員協議会には、横浜港港湾拡張計画が提示された。それは外国貿易埠頭《ふとう》として、一九七〇年度を目標に新規に三十六バース（バースとは船の接岸場所）を建設し、現在使用可能な八千トン以上の十五バースを五十一バースに大々的に拡充しようとするものであった。そのなかには山下公園中央から、大桟橋に並行して五百メートル（幅七十五メートル）突き出す「公園埠頭」（四バース）が含まれていたのである。

この「公園埠頭」は、幸いにも実現することなく終わったが、接収中の埠頭の代替として造成された山下埠頭が、「東洋一の輸出埠頭」へと拡充されるのに対応して、国鉄貨物線の臨港鉄道が、新港埠頭から山下埠頭へ一九六五年に延伸され、山下公園に接するかたちで高架線が造成された。

そのためニューグランドなど海岸通り側と公園とは、景観上分断されてしまったのである。経済至上主義の風潮のなか、港湾関係者のなかには、山下公園はやがては取り潰すべきものという意見もあったという。

「ウォーターフロント」の復権

「大横浜」をめざしてひた走ってきた横浜であったが、もともとの貿易都市に加えて工業都市にという目標は十二分に達成された。しかしその結果は、期待しなかった公害や都市問題の深刻化であり、高度成長期における東京のベッドタウンという性格の強まりが、問題をさらに深刻にさせた。

そのような状況のなかで、ひたすら大都市化を求めてきた動きは反省期に入り、人々の価値観も「モノからヒト」へと重点を移し始めた。「ウォーターフロント」人気が高まるなか、山下公園を潰すなどという暴論は影をひそめた。

一方、コンテナ時代の到来で、それに対応できる新たな埠頭が造成され始め、山下埠頭の存在価値は急速に低下し、臨港鉄道も一九八六年には廃線となった。しかし、美観を損ねる高架線の撤去は、ベイブリッジ登場よりさらに十一年もあと、二十世紀も最後の二〇〇〇（平成十二）年のことであった。

このほど、私の執筆した『都市横浜の半世紀―震災復興から高度成長まで』が刊行された。関東大震災からの復興以降、「大横浜」の実現をめざしつつ進められてきた、都市づくりに関わる市政の動向を軸に、高度成長期にいたる約半世紀の横浜現代史を跡づけたものである。いま現在の横浜の姿がつくりだされる過程を、なるべく具体的に、また分かりやすく記述するように努めたつもりである。当然、山下公園も随所で登場している。一読していただければ幸いである。

## 特色ある歴史、文化守る（『神奈川新聞』二〇〇九年一月一日）

本年六月二日横浜は開港百五十周年を迎えます。

幕末の横浜村は、戸数百戸程度の半農半漁の一寒村にすぎませんでした。安政六（一八五九）年、そこが開港場に選ばれたのは、村民とは無関係のことで、江戸から適度の距離がある良港で、人の往来が激しくないといった条件にかなっていたからでした。しかし、いったん開港の地になると、横浜は内外からのエネルギーを吸収しながら、個性的な都市へと急速に発展していきました。

最初の五十年は、貿易港湾都市としての発展でした。横浜港は、太平洋を越えて北米大陸に向けて日本の特産品である生糸や茶を送り出すなど、もっとも重要な対外貿易港になりました。物資の集散をめぐって各地から人びとが集まり、海外から伝わる西洋文明を各地に発信する役割を果たしました。開港三十周年の明治二十二（一八八九）年に横浜市が発足するときには、人口はすでに十万人を超えており、間もなく完成した大桟橋も船舶出入りには不充分になり、開港五十年祭は造成中の埋め立て地（新港ふ頭）で催されたのです。

開港百年祭の昭和三十三（一九五八）年までの半世紀は、関東大震災と大空襲という未曾有の苦難を体験した時期でした。しかし、中心部壊滅の危機から市民は二度にわたって力強く立ち上がり、都市再生を見事に成し遂げました。その原動力は、臨海部での工場用地埋め立てなどによる重化学工業化であり、横浜港は工業港としての性格を強め、横浜市は百万都市に成長したのです。

さらなる半世紀、横浜は貿易都市・産業都市として高度成長・安定成長の牽引車となる一方で、東京のベッドタウンという性格も帯びるようになりました。多くの新市民の流入で人口は急増して三百万を超え、横浜市は首都東京に次ぐ全国第二の巨大都市になりました。それは一方では深刻な公害問題・都市問題をもたらしましたが、同時に、それらへの現実的対策が打ち出されたのもこの横浜からでありました。

それでは、貿易都市として誕生し、産業都市・住宅都市としての特徴を加えてきた都市横浜は、これからどのような特徴を上乗せしていくことになるのでしょうか。厳しい経済情勢のなかの新年であり、いたずらに浮ついた夢を口にすることはできません。

しかし私は、横浜には無形ではあるが巨大な資産があると、かねて思っています。それは、国の内外を問わず多くの人々が共通に抱いている、きわめて良い「横浜」イメージです。率直に言って、それは他の首都圏都市には見られないものでありましょう。

開港からの百五十年間を通じて、海外との窓口という役割を果たしながら、われわれの先人達が積み重ねてきた努力の歴史によって、それははぐくまれてきたものです。この貴重なイメージを守り、これを支える歴史と文化の内実をしっかりと豊かにしていくこと、これこそ、これからの半世紀の課題ではないでしょうか。百五十周年記念事業の主会場の一つとして、開港期の波止場「象の鼻」が再整備されていることは、そのような方向性を指し示しているように私には思われるのです。

## 質のよいものをより多くの人々に――開館一五周年を迎えて（『横浜市歴史博物館ニュース』第二九号、二〇一〇年一月）

横浜市歴史博物館は、一九九五（平成七）年「横浜に生きた人々の生活の歴史」をテーマにオープンしましたが、本年一月に開館一五周年を迎えます。

平野邦雄館長の後を引き継いで私が二代目館長に就任して半年が過ぎ、開館一〇周年記念の催しの準備に取り組んでいた頃でしたが、月刊誌『日本歴史』二〇〇五年一月号（第六八〇号）が、「博物館と日本史」特集号として刊行されました。

そこには「私の選ぶ図録・展示」という、七〇人の歴史家の方たちへのアンケート結果が掲載されていたのですが、各氏が二、三点ずつ挙げている企画展に、当館のものがしばしば取り上げられていることに気づきました。東京国立博物館や国立歴史民俗博物館が数多いのは当然予想されたことですが、当館と兄弟館である横浜開港資料館とを合わせると、なんとそれら国立博物館に匹敵する頻度で取り上げられていたのです。

かねて当館は全国の公立歴史博物館のお手本でありたいと思っていましたので、大変うれしく思いましたが、同時にこの高い評価を私の館長の時代に台無しにしてはならないという、重い責任をも感じました。

館長になったのと時を合わせるかのように、時代の波と申しますか、毎年のように新たな外部条件に直面することになりました。市との特定協約や指定管理者制度の導入などがそれで、より少ない予算で市民サービスを向上させることが、強く求められるようになりました。

それに対応すべく、内部においては、質か量かどちらを優先すべきかといった議論も生じました。しかし私は、どちらをとるかという問題の立て方ではなく、「質のよいものをより多くの人々に見ていただく」というのが正しいと思い、館員とともに諸事業を進めてきたつもりです。

企画展の内容が、基本的には担当学芸員の地道な長年の調査研究にまつことはいうまでもありませんが、さてどういうタイトルを付け、資料の配列や説明文はどういう風にするのがよいか、関連事業や広報はなど、見る人、参加する人の視線を意識して、現場の知恵を集めてそれなりの工夫を重ねてきました。

また、周年記念の感謝デーなど様々な催しや体験学習の豊富化なども、ボランティアの方々の御協力拡充にも支えられて実施し、さらに事業ごとに参加者にアンケートをお願いし、反応を確かめるとともに改善点の発見に努めてきました。予定通りに運ばなかった部分もありますが、指定管理者になるに際して打ち出した具体的目標は、おおむね達成できるものと考えています。

開館一五周年を迎えた本年、当館は第二期指定管理者の募集に手を挙げなければなりません。また、次なる二〇周年までには、近年の研究成果を盛り込んだ常設展のリニューアルという懸案も、ぜひとも達成したいと考えています。節目の年に当たり、気持ちを新たに「質のよいものをより多くの人々へ」という原点に立ち返りつつ進んでゆきたいと考えています。

どうか引き続きご支援ご鞭撻のほど、お願い申し上げます。

## 富くじと会社（『日本歴史』第七二六号、二〇〇八年一一月）

近年こだわっているテーマの一つが、富くじと会社との関係である。

明治二十年（一八八七）を前後する時期、にわかに株式ブームが発生した。株式売買が活発になり、鉄道や紡績などの洋式産業に大会社が続々と誕生し（第一次企業勃興）、以後株式会社が急速に普及していった。しかし、これに先立つ江戸時代を探ってみると、株式会社の前身といえるものは存在しなかった。ではこのギャップは、どのようにして乗り越えられたのであろうか。同時代の目線から歴史の変化を解明しようとする場合、これは避けて通れない問題の一つであろう。

ある程度の資産を持つものが争って株を買う動きが生じた前提には、共同出資とはいえないが、リスクはあるものの有限責任で、当たれば多額の利益を期待できる富くじが、社寺の勧進などを名目に盛んに行われ社会に定着していた歴史があったのではないか、というのが私の仮説である。

それを主張してみたのが、『会社の誕生』（歴史文化ライブラリー五、吉川弘文館、一九九六年）であったが、当時大方の反応は、思いつきにしてもひどすぎるというものであった。具体例を提示していないので、非難されて当然だったともいえよう。

その後、明治十年代に実際に存在した富くじ利用の会社設立構想を二例紹介した（『明治経済史再考』ミネルヴァ書房、二〇〇六年、第二章）。特にそのうちの一つは、十三年に富くじ興行禁止の刑法が布告された直後という時期に、日本鉄道会社（その路線は後の東北線）の設立構想として、前に内閣書記官長であった元老院議官が、株券を当たりくじとする富くじ発行を提案していたというものである。未発に終わったとはいえ、もし政府が例外的に許可すれば実現可能な案だとされていたことは、富くじの普及ぶりと、富くじ購入意識を株式投資に容易に誘導できる社会状況があったことを示しているであろう。

さらに最近、時期はやや後になるが、「会社」の創案者とされてきた福沢諭吉が、富くじ活用による大企業設立を唱えていたことに気づいた。

福沢は、穂積陳重の『続法窓夜話』（岩波書店、一九三六年）以来、企業の意味での「会社」という言葉の創案者であるとされてきたが、それは正確ではなかったことが近年明らかにされている。『西洋事情初編』（慶応二年）で「商人会社」と記しているが、ここでの「会社」は結社というほどの意味であって、企業の意味では福沢は「商社」を用いていた（馬場宏二『会社という言葉』大東文化大学経営研究所、二〇〇一年）。幕末には、一般に「会社」という言葉は結社という意味で用いられ、共同出資の営利企業は「商社」と呼ばれていたのであり、福沢もその例外ではなかったのである。

現に福沢は、慶応四年四月、塾を芝新銭座に移転して慶應義塾と命名したが、その宣言ともいうべき「慶應義塾之記」の冒頭で「今爰に会社を立て義塾を創め」と記し、また「姓名録　第一」の巻頭「定」の末尾に「慶應義塾会社」と記したのである（中山一義「『芝新銭座慶應義塾之記』に関する若干の考察」『史学（三田史学会）』四〇―一～四一―三、一九六七～六八年、佐志伝「会社、同社そして社中」『近代日本研究（慶應義塾福澤研究センター）』一、一九八五年）。

さて福沢の富くじ論である。福沢は、明治二十四年六月十一～十二日『時事新報』所載の「社閣保護と富籤興行」で、政府の宗教排斥政策による社寺の荒廃を取り上げる。人心の安定と名勝旧跡保護のため社寺の修復が必要であるが、そのため、「政府は断然こゝに特典を沙汰して、寺社に限り富籤の興行を許さんこと」を提案している（慶應義塾『福沢諭吉全集』第一三巻、岩波書店、一九六〇年、一二四～一二八頁）。

富くじを会社と結びつけて論じているのは、その前年の二十三年二月六～七日『時事新報』所載の「富籤法の利用」である。

「古来我国の俗間に於ては、或は無尽講と称し、或は富講など〻称して、盛んに流行したること」があった。富くじには種々弊害もあって非難されるが、しかし「富講の媒介を以て片々世上に散布して大用を為さゞる資本を集めて、運強き当籤者の一手に帰し、其資本の働きを大にする者にして、経済上漫に批難す可」きではない。

「近事西洋諸国にて汽電二力を利用してより、土工、製作、起業、万端何れも其規模を大にし」、それに伴って巨額の資本金を集めるために種々の方法が必要になってきている。特にフランスでは「富附株券」の例が少なくない。「彼のパナマ運河会社の如き、先年来屢々富附株を増発して其工事を維持したることあり」。株ではないが前年のパリ博覧会の入場券も富くじ付きで発売され成功している。

左れば我国当路の士も、徒に旧習慣に泥み、富籤と聞きて之を博突視することなく、北海道其他に関する大起業にして、十年二十年後の成功を期するやうの者には、ワザ〳〵国庫金を支出して之を保護保証せんよりも、殊に富附株券の発行を許可して其資本を募集するの便利を与へ、或は近来風説する彼の興業銀行などの場合に於ても、仮に其資本金を一千万円と見て、目今金融必迫の際、この資本金を募集するに多少困難の事情もあらば、爰に富附株券を発して、其の当籤者に給与するに正金を以てして不都合なりと云へば、之れに相当する株券を以てし、内外国人の区別なく、總べて其応募を許して、容易に低利の資本を集め、之を国家有用の事業に利用するは、臨機変通の得策として、当路者並に事業家の大に注意す可き所ならんと、富くじの活用を提案している。ここでは、現在のお年玉付き年賀葉書のような富くじ利用法が考えられているようである（『福沢諭吉全集』第二一巻、一九六〇年、三六四〜三六九頁）。

福沢諭吉は、会社設立に富くじの活用を提案した先駆者の一人としても記憶されるべき人物であるといえようか。

## 大政奉還と小松帯刀（『歴史地理教育』第八〇一号、二〇一三年三月）

幕末維新の政治過程は、「公武合体派」土佐藩が幕府の延命・復権をはかる大政奉還を目論んで先行するが、「討幕派」薩摩藩が巻き返して幕府打倒に成功した、と説明されている。前者を反動の道、後者を変革の道と見る二項対立を前提にすると、同時に双方に関わっていた薩摩藩家老小松帯刀《たてわき》は、理解し難い人物ということになる。

戦後間もなく刊行され維新史の古典になった次の両著も、二項対立を前提として大政奉還時の小松に関説している。遠山茂樹『明治維新』は、その行動は「複雑微妙であり、奇怪であった」（二〇六ページ）、井上清『日本現代史1　明治維新』は、大久保利通・西郷隆盛と連名で討幕の勅書を奏請しながら大政奉還に同調するとは、「上層士の妥協主義がいかに根強いかを示している」（二六四〜五ページ）と記している。

近年、多くの史料の復刻が進んだこともあって、幕末維新史の実証的再検討の動きは活発である。二項対立的前提の見直しについては、原口清氏が、大政奉還と王政復古という二つの「政変」について、「継承的性格」を認めるか、それとも「断絶的・対抗的性格」を見るか、との重要な問題提起をされた（「王政復古小考」『明治維新史学会報』第三七号、二〇〇〇年一〇月）。しかし、再検討は、徳川慶喜側については進んできたものの、「討幕派」に即しては不十分だと思われる。

そもそも、最幕末の慶応三（一八六七）年後半における「討幕」計画とはどのようなものであり、どの程度の実現可能性があったのだろうか。

第一に、薩摩藩在京の西郷・大久保らの「討幕」計画は、長州藩側への説明では、京都での挙兵・奇襲によって「玉」＝天皇の身柄を確保することが中核とされていた。事前の名分もなく、冒険主義的で自爆に終わりかねない計画であった。

第二に、そのため、在京指導部から国元への出兵要請に対しても、薩摩藩内には、禁門の変の二の舞を恐れる異論が強く、「無名の干戈《かんか》を以て、討幕」ではなく「禁闕《きんけつ》御警衛」が目的だと藩主が諭達しても、出兵はなかなか進まなかった。

第三に、その結果、共同出兵を約していた長州藩も、薩摩藩兵が一向に三田尻に到着しないことに疑念を抱き、「失機改図」＝時機を失したので計画を見合わせることに決した。それが薩摩藩在京指導部に伝えられた一〇月九日、「討幕」計画は挫折に直面したのである。

その挫折の中にあって、大政奉還を通じて王政復古に通じる道を切り開こう、と決断したのが小松帯刀にほかならない。

大政奉還上奏は、二世紀半も全国を統治してきた幕府の自己否定であり、当時においては、ごく一部を除き、非常に驚くべき出来事として受け止められた。ただし、奉還上奏が朝廷から却下されたり、改めて将軍に庶政委任の勅が下されたりすれば、まさに反動の実現であったろう。しかし、大方が予期した保留や却下ではなく、慶喜の上奏の翌日一〇月一五日には、奉還が聴許されたばかりでなく、当面の措置を指示する沙汰書や、以後の方針を協議するための有力諸侯召集が発せられた。ここに初めて薩摩藩主は、朝廷の召集に応じて堂々と率兵上京できるようになったのである。

そして実は、諮問、上奏、聴許の三日間、このような沙汰書や召集を実現するのに、舞台の表と裏にあって、最も力を発揮して事態を推進したのが帯刀だったのである。一方、討幕の密勅は、薩摩藩首脳の出兵躊躇を振り切るには効能を発揮したが、表に出せるものではなく、再上京した大久保は、密勅取消を告げられることになった。この間、帯刀は持病の足痛悪化のため鹿児島に残留していた。

有力諸侯が情勢観望で上京しない状況において、土佐藩をも説き伏せて、大久保・西郷らは一二月九日王政復古のクーデタに成功するが、しかしその後は慶喜の処遇をめぐって、融和的な勢力に押されて政治的に孤立しつつあった。

年末の二八日、国元の家老桂久武に宛て、先に帯刀上京を依頼したが、「何卒《なにとぞ》御尽力成し下され候様、万々祈り奉り候、最早御発足相成り候かとも相考え、頻に待ち奉り候」と記したのは、大久保であった（『大久保利通文書』二、一二七〜八ページ）。また同日、西郷も国元宛に、「小松家早々御登り相成り、桂家には御見合わせ相成り候方宜敷《よろしく》は御座ある間敷《まじき》や」と伝えていた（『西郷隆盛全集』二、三三一ページ）。

後世の歴史家に「奇怪」「妥協主義」と酷評された小松帯刀であるが、鳥羽・伏見での激突の五日前の時点において、まぎれもない討幕派リーダーの二人から、中央政局への再登場が切望されていたのである。

結果の前史として見るか、同時代の地平に即して見るかで、歴史の風景は異なるという一例である。詳しくは、拙著『小松帯刀』（吉川弘文館）をお読みいただければ幸いである。

# 年譜



【一九三六（昭和一一）年】
一〇月一七日生まれ
【一九四〇（昭和一五）年】
四　月　船場幼稚園入園
【一九四三（昭和一八）年】
四　月　大阪市立船場国民学校入学
【一九四四（昭和一九）年】
三　月　岸和田市春木町に転居
四　月　岸和田市立春木国民学校に転校
【一九四五（昭和二〇）年】
八月一五日　敗戦を春木で迎える
【一九四八（昭和二三）年】

一　月　大阪市阿倍野区天王寺町（のち町名変更で三明町）に転居
一　月　大阪市立常盤小学校に転校

【一九四九（昭和二四）年】

三　月　大阪市立常盤小学校卒業
四　月　大阪市立文の里中学校入学

【一九五二（昭和二七）年】

三　月　大阪市立文の里中学校卒業
四　月　大阪府立高津高等学校入学

【一九五五（昭和三〇）年】

三　月　大阪府立高津高等学校卒業
四　月　東京大学教養学部文科二類入学

【一九五七（昭和三二）年】

四　月　東京大学文学部国史学科進学

【一九五九（昭和三四）年】

三　月　東京大学文学部国史学科卒業

【一九六〇（昭和三五）年】

四　月　東京大学大学院人文科学研究科国史学専門修士課程入学

【一九六二（昭和三七）年】

三　月　東京大学大学院人文科学研究科国史学専門修士課程修了（文学修士）

四　月　東京大学大学院人文科学研究科国史学専門博士課程入学

四　月　東京学芸大学付属竹早中学校非常勤講師（〜六五年三月）

五　月　歴史学研究会委員（〜六三年五月）

【一九六四（昭和三九）年】

一一月二日　父武死去（六十五歳）

一一月　横浜市史編集調査員（〜七六年三月）

【一九六五（昭和四〇）年】

三　月　東京大学大学院人文科学研究科国史学専門博士課程単位取得退学

四　月　東京大学社会科学研究所助手

六　月　史学会編集委員（〜六六年五月）

九　月　吉川弘文館『国史大辞典』編集幹事（のち編集委員、〜九六年四月）

【一九六六（昭和四一）年】

一〇月　横浜国立大学経済学部経済学科助教授

【一九六七（昭和四二）年】

四　月　東京大学社会科学研究所非常勤講師（通年）

【一九六八（昭和四三）年】

一〇月一〇日　権藤宏子と結婚

一二月　静岡大学法経短期大学部非常勤講師（集中講義）

【一九六九（昭和四四）年】

一　月　安田講堂事件を機に、一〇月末機動隊導入まで全学「バリケード・スト」

五　月　横浜市港北区日吉ハイムに転居

一一月一日　長女弦子誕生

【一九七〇（昭和四五）年】

四　月　東京大学社会科学研究所に内地留学（～七一年一月）

【一九七一（昭和四六）年】

四　月　東京大学文学部国史学科助教授

四　月　横浜国立大学経済学部非常勤講師（通年）

一〇月　史学会評議員

【一九七二（昭和四七）年】

四　月　横浜国立大学経済学部非常勤講師（通年）
一一月　著書『日本紡績業史序説』により、第一五回日経・経済図書文化賞受賞
【一九七三（昭和四八）年】
二　月　学生委員会委員（～七四年一月）
一〇月　史学会編集委員（～七六年九月）
【一九七五（昭和五〇）年】
一〇月　茅ヶ崎市史編纂委員（現在に至る）
一二月　高知大学文理学部非常勤講師（集中講義）
【一九七六（昭和五一）年】
二　月　学生委員会委員（～七七年一月）
【一九七七（昭和五二）年】
四　月　文学部第二次紛争始まる
四　月　横浜市史編集調査員（～八二年三月）
一〇月　史学会編集委員（～八〇年九月）
【一九七八（昭和五三）年】
七　月　日本歴史学会評議員（現在に至る）

【一九七九（昭和五四）年】
三月一四日　横浜市港北区大倉山ハイムに転居
三月一八〜二八日　日独経営史学会議に参加のため訪独
七　月　日本歴史学会理事（〜八五年六月）
【一九八〇（昭和五五）年】
四　月　総長補佐（〜八一年三月）
四　月　東京大学百年史編集委員会委員（〜八一年三月）
七　月　北海道大学大学院経済学研究科非常勤講師（集中講義）
〔ゼミ合宿〕七月一〇〜一一日　伊豆土肥「つかさ」、一〇月一六〜一七日　館山・鴨川「望洋荘」
【一九八一（昭和五六）年】
四　月　大学院社会学研究科委員会委員（〜八五年三月）
〔ゼミ合宿〕五月一七〜一八日　大間々「高津戸旅館」・足尾、一一月二九〜三〇日　箱根強羅「静雲荘」
【一九八二（昭和五七）年】
一〇月　史学会編集委員（〜八六年九月）
一〇月　農林水産省職員研修講師（農業総合研究所）
〔ゼミ合宿〕七月四〜五日　清里「清翠荘」、一一月一四〜一五日　秩父「武甲荘」

【一九八三（昭和五八）年】

四　月　お茶の水女子大学文教育学部非常勤講師（通年）

一〇月　文学部第四委員会委員長（～八四年九月）

一〇月　名古屋大学文学部非常勤講師（集中講義）

一〇月　農林水産省職員研修講師（農業総合研究所）

〔ゼミ合宿〕七月二一～二三日　伊豆高原「ホテル城ヶ崎」・熱川、一一月二〇～二一日　本郷「更新館」

【一九八四（昭和五九）年】

三　月　著書『日本資本主義史論』により文学博士（東京大学）

四　月　国立歴史民俗博物館歴史研究部助教授に併任（客員教官）

一〇月　横浜国立大学経済学部非常勤講師（冬学期）

一〇月　農林水産省職員研修講師（農業総合研究所）

〔ゼミ合宿〕七月八～九日　御岳山「藤本荘」・奥多摩湖、一一月一一～一二日　石和・勝沼

【一九八五（昭和六〇）年】

四　月　東京大学文学部国史学科教授

四　月　国立歴史民俗博物館歴史研究部教授に併任（客員教官）（～九一年三月）

四　月　全学カリキュラム委員会委員（～八九年三月）

四　月　教職課程委員会委員（～八八年三月）
五　月　財団法人史学会理事（～八七年五月）
六　月　横浜市史代表編集委員（～二〇〇四年三月）
一〇月　社会経済史学会評議員（～二〇〇一年一〇月）
〔ゼミ合宿〕七月一〇～一一日　日東紡績静岡工場・静岡「たちばな会館」・韮山、一一月一七～一八日
　入間「入間グリーンロッジ」・嵐山渓谷

【一九八六（昭和六一）年】
五　月　入試実施委員会委員（副委員長）・身体障害者入試検討委員会委員（～八七年四月）
〔ゼミ合宿〕七月六～七日　鎌倉「花月園」、一一月三～四日　佐倉・国立歴史民俗博物館

【一九八七（昭和六二）年】
〔ゼミ合宿〕七月一三～一五日　岡谷蚕糸博物館・下諏訪「鉄礦泉本館」、一一月八～九日　三浦海岸「グ
　リーンハウス」

【一九八八（昭和六三）年】
四　月　大学入試センター教科専門委員会委員（～九〇年三月）
五　月　財団法人史学会理事（～九〇年五月）
八　月　大学設置・学校法人審議会大学設置分科会専門委員（～九三年七月）

〔ゼミ合宿〕七月一〇～一一日 犬吠埼「犬吠ホテル」・銚子ヤマサ醤油、一一月六～七日 奥多摩「観光荘」

【一九八九（平成元）年】

四 月 大学入試センター教授（運営委員）に併任（～九〇年三月）

六 月 国立歴史民俗博物館運営協議員（～九九年五月）

〔ゼミ合宿〕七月九～一〇日 足尾「かじか荘」、一一月五～六日 芦の湯「紀伊国屋」

【一九九〇（平成二）年】

四 月 文学部大学院重点化計画委員

四 月 江戸東京博物館開設準備委員会委員（～九三年三月）

〔ゼミ合宿〕七月一～二日 信州鹿教湯「斎藤旅館」、一〇月二八～二九日 富士吉田「鉱泉閣」

【一九九一（平成三）年】

四 月 国際交流委員会委員（～九二年三月）

四 月 文学部国際交流委員会委員長（～九四年三月）

五 月 財団法人史学会理事（～九三年五月）

九 月 日本歴史学協会国立公文書館特別委員（～九七年三月）

〔ゼミ合宿〕七月七～八日 野沢温泉「ロッジ内伴」、一一月四～五日 館山「シーサイド・ホテル」・君

津製鉄所

【一九九二（平成四）年】

三　月　財団法人江戸東京歴史財団評議員（〜九五年九月）

四　月　留学生交流委員会委員（〜九四年三月、九二年度副委員長）

一〇月　東京大学史料の保存に関する委員会委員（〜九四年一〇月）

一〇月　財団法人横浜市ふるさと歴史財団理事（〜二〇一三年六月）

〔ゼミ合宿〕七月一二〜一三日　車山高原「車山高原ホテル」、一一月八〜九日　芦の湯「紀伊国屋旅館」

【一九九三（平成五）年】

四　月　大学院人文科学研究科委員会委員（〜九五年三月）

四　月　文学部第一委員会委員、国史学専修課程主任（〜九四年三月）

四　月　財団法人西川文化財団理事（〜二〇一一年五月）

五　月　入試教科委員会委員長（〜九四年四月）

一〇月　土地制度史学会理事（〜二〇〇二年一〇月）

〔ゼミ合宿〕七月一八〜一九日　三浦海岸「グリーンハウス」、一〇月三一日〜一一月一日　奥秩父長瀞「神泉」

【一九九四（平成六）年】

四　月　図書行政商議会委員（～九六年三月）
四　月　文学部図書委員会委員長（～九六年三月）
四　月　文学部第一委員会委員、日本史学専修課程主任（～九六年三月）
五　月　財団法人史学会理事（～九六年五月）
九　月　文化財保護審議会第三専門調査会専門委員（～二〇〇四年二月）、近代の文化遺産の保存と活用に関する調査研究協力者（～九六年三月）
〔ゼミ合宿〕七月一七～一八日　奥多摩「観光荘」、一一月六～七日　河口湖「松屋」

【一九九五（平成七）年】

四　月　東京大学大学院人文社会系研究科教授（日本文化研究専攻日本史学専門分野）（制度変更による）
四　月　大学院人文社会系研究科委員会委員、日本文化研究専攻主任（九六年三月まで）
四　月　文学部歴史文化学科主任（～九六年三月）
五　月　財団法人史学会理事長（～九六年五月）
七　月　財団法人横浜開港資料普及協会理事（～九八年九月）
一〇月　財団法人東京都歴史文化財団評議員（現在に至る）
〔ゼミ合宿〕七月一七～一八日　鎌倉「花月園」、一一月五～六日　奥多摩「荒沢屋」

【一九九六（平成八）年】

七　月　近代遺跡の調査等に関する検討委員（現在に至る）
一〇月一七日　六十歳になる
〔ゼミ合宿〕七月一四～一五日　芦の湯「松坂屋本店」、一一月三～四日　長瀞「やなぎや」

【一九九七（平成九）年】
三　月　定年により東京大学を退職
四　月　フェリス女学院大学国際交流学部教授
五　月　東京大学名誉教授
一二月　九州大学文学部非常勤講師（集中講義）

【一九九八（平成一〇）年】
九　月　財団法人横浜開港資料普及協会理事（九五年七月～）退任（制度変更による）
一〇月　横浜国立大学経済学部非常勤講師（冬学期）

【一九九九（平成一一）年】
四　月　フェリス女学院大学評議員（～二〇〇一年三月）
四　月　フェリス女学院大学大学院国際交流研究科兼担
五　月　国立歴史民俗博物館運営協議員（八九年六月～）退任
六　月　国立歴史民俗博物館評議員（～〇四年三月）

六　月　角川源義賞選考委員（現在に至る）

【二〇〇〇（平成一二）年】

四　月　神奈川県文化財保護審議会委員（〜一〇年四月）

【二〇〇一（平成一三）年】

三　月　東京都港区高輪コスモ高輪に転居

四　月　フェリス女学院大学国際交流学部長（〜〇三年三月）

【二〇〇二（平成一四）年】

五　月　首都圏形成史研究会会長（現在に至る）

【二〇〇三（平成一五）年】

四　月　フェリス女学院大学国際交流学部長再任（〜〇四年三月）

一一月　財団法人横浜市ふるさと歴史財団学術専門職（〜〇四年三月）

【二〇〇四（平成一六）年】

二　月　文化財保護審議会第三専門調査会専門委員退任（九四年九月〜）

三　月　横浜市史代表編集員（一九八五年六月〜）退任（事業完了による）、市長から感謝状

三　月　国立歴史民俗博物館評議員（九九年六月〜）退任（制度変更による）

三　月　財団法人横浜市ふるさと歴史財団副理事長（〜〇五年六月）

四　月　横浜市歴史博物館館長（～一一年六月）
四　月　人間文化研究機構経営協議会委員（現在に至る）
四　月　フェリス女学院大学国際交流学部教授（特例教員）
八月二九日　長女弦子、小木曽聡と結婚
一〇月　横浜文化賞受賞
【二〇〇五（平成一七）年】
三　月　定年によりフェリス女学院大学退職
五　月　フェリス女学院大学名誉教授
七　月　財団法人横浜市ふるさと歴史財団理事長（～二〇一三年六月）
【二〇〇六（平成一八）年】
一月一八日　母千代死去（百二歳）
四　月　横浜開港資料館館長（～一一年三月）、横浜都市発展記念館館長（～一一年三月）、横浜ユーラシア文化館館長（～一三年六月）
六　月　日本経済史研究会発足
七　月　韓国仁川広域市立博物館設立六十周年式典に横浜開港資料館館長として出席
一〇月一七日　七十歳になる

【二〇〇八（平成二〇）年】

一二月 韓国仁荷大学における東アジア韓国学国際学術会議・東アジア韓国学会主催コンファレンス「開港と東アジア テキストの内と外」で基調講演

【二〇一〇（平成二二）年】

四月 神奈川県文化財保護審議会委員（〇〇年四月～）退任

【二〇一一（平成二三）年】

三月 横浜開港資料館館長（〇六年四月～）、横浜都市発展記念館館長（〇六年四月～）退任

三月 妻宏子、定年により東洋学園大学を退職

五月 公益財団法人西川文化財団理事（九三年四月～）退任

六月 横浜市歴史博物館館長（〇四年四月～）退任

六月 公益財団法人横浜市ふるさと歴史財団理事・理事長に就任（制度変更による）

【二〇一三（平成二五）年】

六月 公益財団法人横浜市ふるさと歴史財団理事長（〇八年七月～）・理事（九二年一〇月～）退任

一〇月一〇日 妻宏子との結婚四十五周年

一〇月一七日 七十七歳になる

# 著作等目録

## 【著書】

『日本紡績業史序説』上・下　塙書房　一九七一年一〇月・一一月

『日本資本主義史論――産業資本・帝国主義・独占資本』ミネルヴァ書房　一九八〇年四月

『近代日本綿業と中国』東京大学出版会　一九八二年六月

〔ハングル訳〕金志煥訳『日本企業の中国進出』新書苑　二〇〇五年一二月

『再発見　明治の経済』塙書房　一九九五年一月

『会社の誕生』（歴史文化ライブラリー五）吉川弘文館　一九九六年一一月

『都市横浜の半世紀』有隣堂　二〇〇六年三月

『明治経済史再考』ミネルヴァ書房　二〇〇六年七月

『小松帯刀』（人物叢書二六九）吉川弘文館　二〇一二年六月

## 【編著・共編】

『日露戦後の日本経済』〔編〕塙書房　一九八八年二月
『企業勃興――日本資本主義の形成』〔編著〕ミネルヴァ書房　一九九二年三月
『商人と流通――近世から近代へ』〔吉田伸之氏と共編〕山川出版社　一九九二年一一月
『シリーズ日本近現代史　構造と変動』1～4〔板野潤治・宮地正人・安田浩・渡辺治氏と共編〕岩波書店　一九九三年二月～一九九四年一月
『戦時華中の物資動員と軍票』〔中村政則・小林英夫氏と共編〕多賀出版　一九九四年二月
『道と川の近代』〔編〕山川出版社　一九九六年一〇月
『明治の産業発展と社会資本』〔編著〕ミネルヴァ書房　一九九七年一二月
『明治前期の日本経済――資本主義への道』〔編著〕日本経済評論社　二〇〇四年一〇月

【辞典共編】

『国史大辞典』第一巻～第一五巻下　吉川弘文館　一九七九年三月～一九九七年四月
『日本史広辞典』山川出版社　一九九七年一〇月
『日本近現代人名辞典』〔臼井勝美・鳥海靖・由井正臣氏と〕吉川弘文館　二〇〇一年七月

【教科書共著】

『詳説日本史』山川出版社　一九七四年度～二〇〇五年度
『標準日本史』山川出版社　一九七四年度～八一年度、八三年度～二〇〇五年度
『要説日本史』山川出版社　一九七四年度～九七年度
『日本史』山川出版社　一九八一年度～八三年度
『新日本史』山川出版社　一九九五年度～二〇〇五年度
『高校日本史』山川出版社　一九九五年度～二〇〇五年度
『日本史A』山川出版社　一九九八年度以降
『江戸から東京へ』東京都教育委員会　二〇一一年度版監修（二〇一二年度版以降を除く）

【論文】

「企業勃興期における紡績業の構造――大阪紡績会社の成立」『史学雑誌』第七二編第八号～第九号　一九六三年八月～九月
「紡績業をめぐる流通過程の展開――棉花・綿糸商との関係を中心に」『土地制度史学』第二七号　一九六五年四月
「改良社武井家の経営」山口和雄編著『日本産業金融史研究　製糸金融篇』東京大学出版会　一九六六年一〇月

「綿関係品輸入貿易の動向」『横浜市史』第四巻下　一九六八年一月
「日本紡績業の確立と構造」『社会科学研究』（東京大学）第一九巻第四号〜第五号　一九六八年三月
「日本紡績業の展開」『社会科学研究』第一九巻第六号　一九六八年三月
「開港後における綿布市場の形成」『エコノミア』（横浜国立大学）第三五号　一九六八年三月
「内外綿会社」山口和雄編著『日本産業金融史研究　紡績金融篇』東京大学出版会　一九七〇年三月
「大阪紡績会社」同前
「尼崎紡績会社」同前
「輸入貿易の動向」『横浜市史』第五巻上　一九七一年三月
「播州綿織物業と金融」山口和雄編著『日本産業金融史研究　織物金融篇』東京大学出版会　一九七四年五月
「兼営織布業と金融」同前
「産業・貿易構造」大石嘉一郎編『日本産業革命の研究』上　東京大学出版会　一九七五年六月
「独占資本主義の確立と中小企業」『岩波講座　日本歴史』18・近代5　岩波書店　一九七五年九月
「恐慌」大石嘉一郎編『日本産業革命の研究』下　東京大学出版会　一九七五年一〇月
「明治二三年恐慌の性格」『日本歴史』第三三二号　一九七六年一月
「商工業の動向」『横浜市史』第五巻中　一九七六年三月

「戦時期在華紡の経営成績」『ビジネス・レビュー』（一橋大学）第二四巻第三号　一九七六年一二月

「第一次大戦前における日本紡績業の資金調達――三大紡系五社の場合」『経営史学』第一二巻第一号　一九七七年一〇月

「中国における日本紡績業の形成」『社会経済史学』第四五巻第五号　一九八〇年二月

「幕末・明治前期における売込商石炭屋の経営形態」『横浜市史』補巻　一九八一年三月

「江戸後期における木曽商人」『日本歴史』第四二五号　一九八三年一〇月

「京城出張所の綿布販売」財団法人近江商人郷土館・丁吟史研究会編『変革期の商人資本』吉川弘文館　一九八四年一一月

「資本蓄積（1）軽工業」大石嘉一郎編『日本帝国主義史』1　東京大学出版会　一九八五年一月

「邑久村地主同盟会・邑久農事株式会社」大石嘉一郎編『近代日本における地主経営の展開』御茶の水書房　一九八五年二月

「転換期としての第一次大戦と日本」歴史学研究会・日本史研究会編『講座　日本歴史』9　東京大学出版会　一九八五年七月

「木曽商人の遠隔地商業」山口和雄・石井寛治編『近代日本の商品流通』東京大学出版会　一九八六年四月

「綿業輸出入リンク制下における紡績業と産地機業」近代日本研究会編『年報　近代日本研究』9・戦時

経済　山川出版社　一九八七年一一月
「維新前後の〝外圧〟をめぐる一、二の問題」『社会科学研究』（東京大学）第三九巻第四号　一九八七年一二月
「資本蓄積（2）軽工業」大石嘉一郎編『日本帝国主義史』2　東京大学出版会　一九八七年一二月
「独占組織の形成」高村直助編『日露戦後の日本経済』塙書房　一九八八年二月
「日中戦争と在華紡」井上清・衛藤瀋吉編『日中戦争と日中関係　盧溝橋事件五〇周年日中学術討論会記録』原書房　一九八八年九月
「シドニー支店の羊毛貿易金融」山口和雄・加藤俊彦編『両大戦間期の横浜正金銀行』日本経営史研究所　一九八八年一二月
「太平洋郵船、ピー・オー汽船撤退後の沿岸航路」横浜近代史研究会編『横浜近代経済史研究』横浜開港資料館　一九八九年二月
「明治後期諏訪製糸業における水車動力」『国立歴史民俗博物館研究報告』第二五集　一九九〇年三月
「明治中期における千葉県消費市場の動向」三浦茂一還暦記念会編『房総地域史の諸問題』国書刊行会　一九九一年六月
「松方デフレから企業勃興へ」高村直助編著『企業勃興――日本資本主義の形成』ミネルヴァ書房　一九九二年三月

「二千錘紡績の蘇生」同前
「筑豊炭鉱業の台頭」同前
「水上のシルクロード」吉田伸之・高村直助編『商人と流通——近世から近代へ』山川出版社　一九九二年一一月
「産業革命と資本家的企業」板野潤治ほか編『シリーズ日本近現代史』2　岩波書店　一九九三年四月
「軍配組合の終焉」中村政則・高村直助・小林英夫編『戦時華中の物資動員と軍票』多賀出版　一九九四年二月
「綿業部の活動」同前
「近代日本綿業と韓国」『朝鮮文化研究』（東京大学）第一号　一九九四年三月
「日米綿業協定とその延長」上山和雄・阪田安雄編『対立と妥協——一九三〇年代の日米通商関係』第一法規出版　一九九四年一〇月
「民需産業」大石嘉一郎編『日本帝国主義史』3　東京大学出版会　一九九四年一二月
「日露戦後における公益事業と横浜市財政」横浜近代史研究会・横浜開港資料館編『横浜の近代——都市の形成と展開』日本経済評論社　一九九七年三月
「気前のよい松方大蔵卿」『東京大学日本史学研究室紀要』第一号　一九九七年三月
「鉄道開通と炭鉱開発——常磐の場合」高村直助編著『明治の産業発展と社会資本』ミネルヴァ書房　一

九九七年一二月
「幕末開港とグローバリゼーション」清水透編『グローバル化の時代へ』国際書院　一九九九年三月
「明治初年の経済政策――鉱山『王有制』をめぐって」國學院大學国史学会『国史学』第一七〇号　二〇〇〇年一月
「官営鉱山と貨幣原料」鈴木淳編『工部省とその時代』山川出版社　二〇〇二年一一月
「鉱山官営政策とお雇い外国人――ゴットフレイらの役割」高村直助編著『明治前期の日本経済――資本主義への道』日本経済評論社　二〇〇四年一〇月
「第一次大戦前後における米綿取引の諸問題――三井物産・東洋棉花の場合」上山和雄・吉川容編著『戦前期北米の日本商社』日本経済評論社　二〇一三年三月

【地方史・資料集の編集・執筆】

『村史ときわ』〔共著、宝月圭吾編〕（「常盤の発展」「新しい常盤」の一部を執筆）常盤村史刊行委員会　一九六八年八月
『茅ヶ崎市史』二・資料編下・近現代〔共編〕一九七八年一〇月
『近代日本商品流通史資料』第七巻・東京市貨物集散調査書〔編集、山口和雄監修〕日本経済評論社　一九七八年一〇月

『近代日本商品流通史資料』第八巻・大阪市輸出入貨物調査書・名古屋市貨物集散概況〔編集、山口和雄監修〕日本経済評論社　一九七九年二月
『茅ヶ崎市史』四・通史編〔共編、「別荘と南湖院」「地域社会の展開」を執筆〕一九八一年三月
『横浜市史』資料編二・日本貿易統計（増訂版）統計編・注釈編〔共編〕一九八一年六月
『茅ヶ崎市史』五・概説編〔共編〕一九八二年三月
『神奈川県の百年』〔上山和雄・小風秀雅・大豆生田稔氏と共著、「近代の横顔」「占領から復興へ」「高度成長とその後」を執筆〕山川出版社　一九八四年六月
「土井別荘『松潮園日誌』」（一）～（三）〔東哲郎氏と共編〕『茅ヶ崎市史研究』第一〇号～第一二号　一九八六年三月～八八年三月
『図説　横浜の歴史』〔総監修〕横浜市　一九八九年四月
『横浜市史Ⅱ』第一巻上〔編集、「恐慌・戦時期の横浜」を執筆〕一九九三年三月
『横浜市史Ⅱ』資料編三・占領期の地方行政〔監修、「資料解説」を執筆〕一九九三年三月
『写真でみる横浜大空襲』〔監修、横浜市総務局編〕一九九五年五月
『横浜市史Ⅱ』第一巻下〔編集、「財政」を執筆〕一九九六年三月
『明治の巡査日記――石上憲定「自渉録」〔茅ヶ崎市史史料集　第一集〕』〔編集〕一九九七年三月
「『明治の巡査日記――石上憲定「自渉録」』をめぐって」〔東哲郎氏と共著〕『茅ヶ崎市史研究』第二二号

一九九八年三月
『横浜市史Ⅱ』第二巻上〔編集、「占領・復興期の横浜」、「財政」を執筆〕一九九九年三月
『横浜市史Ⅱ』第二巻下〔編集、「占領期の市政」、「独立・復興期の市政」を執筆〕二〇〇〇年三月
「『帝都の関門』横浜の近代」フェリス女学院大学国際交流学部『国際交流研究』第二号　二〇〇〇年三月
「山手一七八番地の借入れ事情」フェリス女学院資料室『あゆみ』第四八号　二〇〇二年一月
『横浜市史Ⅱ』第三巻上〔編集、「高度成長期の横浜」、「財政」を執筆〕二〇〇二年三月
『横浜市史Ⅱ』第三巻下〔編集、「市民参加と国際交流」を執筆〕二〇〇三年三月
『横浜市史Ⅱ』総目次・索引〔編集〕二〇〇四年三月
「『横浜市史Ⅱ』完結にあたって」『市史研究よこはま』第一六号　二〇〇四年三月
「占領下横浜の点景——ザンダー先生の手紙から」フェリス女学院資料室『あゆみ』第五五号　二〇〇五年七月
「一つ目沼埋立てと伊勢佐木町の誕生」『横浜市歴史博物館紀要』第一一号　二〇〇七年三月
「沖守固と原六郎」『横浜開港資料館紀要』第二六号　二〇〇八年三月
『横浜　歴史と文化』〔監修〕有隣堂　二〇〇九年六月
『昭和の横浜』〔監修〕横浜市史資料室　二〇〇九年六月
「維新期における対外折衝と横浜」『横浜開港資料館紀要』第二八号　二〇一〇年三月

「開港記念日の変更」『横浜市史資料室紀要』第一号　二〇一一年三月
「利権めぐり競願に――初めてのガス灯」「天皇汽船で初巡幸――『海の日』の由来」「借地権競売で入手――築地居留地」『港都の黎明――ブレンワルドの日記から』横浜開港資料館・神奈川新聞社・DKSHジャパン株式会社　二〇一一年六月
「神奈川県の近代」神奈川県教育委員会『神奈川県の近代化遺産　神奈川県近代化遺産（建造物等）総合調査報告書』二〇一二年三月
『文明開化期の東京と横浜（印刷博物館講演録）』印刷博物館　二〇一三年三月

【概説の編集・執筆】

〔共著〕井上光貞編『日本史入門』（「日本資本主義の発展」を執筆）有斐閣　一九六六年三月
〔共著〕下村冨士男編『西川４００年史』一九六六年三月
〔共著〕下村冨士男編『西川四百年史稿本』（「各店のはじまり」「商品の種類」「積立金」を執筆）一九六六年四月
〔共著〕有沢広巳監修『日本産業百年史』（第一・二編の紡績、第三編の貿易を執筆）日本経済新聞社　一九六六年一一月
「紡績業と金融――大紡績会社の場合」『地方金融史研究』創刊号　一九六八年七月

〔共著〕大石嘉一郎ほか『日本の産業革命　シンポジウム日本の歴史18』学生社　一九七二年三月

「綿関係品の流通」古島敏雄・安藤良雄編『流通史Ⅱ（体系日本史叢書14）』山川出版社　一九七五年六月

〔共著〕大石嘉一郎・宮本憲一編『日本資本主義発達史の基礎知識』（五項目を執筆）有斐閣　一九七五年一一月

「独占資本主義論」石井寛治ほか編『近代日本経済史を学ぶ』下　有斐閣　一九七七年九月

「独占資本主義の確立」高橋幸八郎ほか編『日本近代史要説』東京大学出版会　一九八〇年三月

"The Cotton Spinning Industry in Japan during the Pre-World War I Period — Its Growth and Essential Conditions," in *Innovation, Know How, Rationalization and Investment in The German and Japanese Economics*, Hans Poul, ed., Wiesbaden: Steiner, 1982.

"Japanese Cotton Spinning Industry during The Pre-World War I Period," in *The Textile Industry and Its Business Climate*, Akio Ookouchi and Shin-ichi Yonekawa, eds., Tokyo: University of Tokyo Press, 1982.

「明治時代の貿易」『中学社会』（東京書籍）第二七四号　一九八三年一一月

〔編〕『海外視点　日本の歴史』第一二巻〜第一五巻　ぎょうせい　一九八六年一月〜八七年一月

〔共著〕井上光貞・永原慶二・児玉幸多・大久保利謙編『日本歴史大系』4・近代Ⅰ（「財政の集権化と地租改正」「殖産興業」「産業革命の進展」「日露戦時・戦後の財政と金融」「日露戦後の産業と貿易」を

執筆）山川出版社　一九八七年五月

「開港五〇年当時の横浜」『横浜・神奈川経済ジャーナル』一九八八年六月

〔共著〕井上光貞・永原慶二・児玉幸多・大久保利謙編『日本歴史大系』5・近代Ⅱ（「大戦景気」を執筆）山川出版社　一九八九年八月

「華族と近代経済」大久保利謙監修『日本の肖像』第一一巻　毎日新聞社　一九九〇年九月

〔共編〕『日本歴史館』小学館　一九九三年一二月

「開港後における西洋技術の導入――製糸業の場合」『年報　人間文化』（神戸学院大学）第四号　一九九四年四月

〔編〕『産業革命』（近代日本の軌跡8）（「産業革命と現代」「紡績業の勃興」を執筆）吉川弘文館　一九九四年六月

【動向・コメント】

〔動向〕「一九六一年の歴史学界（回顧と展望）」（日本近現代の経済を執筆）『史学雑誌』第七一編第五号　一九六二年五月

〔動向・共著〕「日本近代史研究の二、三の問題――岩波講座『日本歴史』近代1～4によせて」（伊藤隆・佐藤誠三郎・鳥海靖氏と共著）『歴史学研究』第二七八号　一九六三年七月

〔コメント〕石井寛治「明治中期における製糸経営」『経営史学』第三巻第一号　一九六八年三月
〔動向〕井上光貞・永原慶二編『日本史研究入門』Ⅳ（「近・現代の経済」を執筆）東京大学出版会　一九七五年七月
〔動向〕「日本における独占資本主義の確立をめぐって――橋本氏の批判に答える」『社会科学の方法』（御茶の水書房）第一一三号　一九七八年一一月
〔コメント〕『世界市場と幕末開港』東京大学出版会　一九八二年一一月
〔コメント〕Comment（Jannet Hunter "Factory Legislation and Employer Resistance"）in *Japanese Management in Historical Perspective*, Tunehiko Yui and Keiichiro Nakagawa, eds., Tokyo: University of Tokyo Press, 1989.
〔コメント〕「開港後日本の対アジア貿易とアジア間競争」浜下武志ほか編『アジア交易圏と日本工業化1500―1900』リブロポート　一九九一年六月
〔動向〕「一九九五年の歴史学界（回顧と展望）」（「総説」を執筆）『史学雑誌』第一〇五編第五号　一九九六年五月
〔研究展望〕「綿業史研究の成果と課題」日本産業技術史学会『技術と文明』第一二巻第一号　二〇〇〇年一〇月
〔論点をめぐって〕「開港後の神戸貿易と中国商人」『土地制度史学』第一七六号　二〇〇二年七月

【書評】

林英夫著『近世農村工業史の基礎過程』『史学雑誌』第七〇編第九号　一九六一年九月

石井寛治著『日本蚕糸業史分析』『朝日ジャーナル』第一五巻第三号　一九七三年一月二六日

守屋典郎著『紡績生産費分析』『歴史学研究』第四一二号　一九七四年九月

新保博ほか著『数量経済史入門』『日本労働協会雑誌』第二〇七号　一九七六年六月

安藤良雄編『日本経済政策史論』上・下　『経済学論集』第四三巻第二号　一九七七年七月

中村隆英編『戦間期の日本経済分析』『経営史学』第一六巻第四号　一九八二年一月

中村隆英著『戦時日本の華北経済支配』『エコノミスト』第六二巻第一号　一九八四年一月三日

橋本寿朗『大恐慌期の日本資本主義』『社会経済史学』第五〇巻第二号　一九八五年二月

橋本寿朗・武田晴人編著『両大戦間期日本のカルテル』『土地制度史学』第一一一号　一九八六年四月

国家資本輸出研究会編『日本の資本輸出』『土地制度史学』第一一三号　一九八六年一〇月

"Cartels in Interwar Japan," Jyuro Hasimoto and Haruhito Takeda, eds., in *Japanese Yearbook on business History: 1987*, S. Yasuoka and H. Morikawa eds., Tokyo: University of Tokyo Press, 1987.
(Translated by Donald W. Burton)

「『函館市史　統計史料編』発刊によせて」『地域史研究はこだて』第六号　一九八八年一月

中村政則ほか編『経済構想』『エコノミスト』第六七巻第四号　一九八九年一月三一日

佐々木寛司著『日本資本主義と明治維新』『社会経済史学』第五四巻第六号　一九八九年三月
阿部武司著『日本における産地綿織物業の展開』『社会経済史学』第五六巻第一号　一九九〇年四月
中村政則編『日本の近代と資本主義』『土地制度史学』第一四〇号　一九九三年七月
岡部利良著『旧中国の紡績労働研究』『アジア経済』第三五巻第一号　一九九四年一月
岡本幸雄著『地方紡績企業の成立と展開』『経営史学』第二九巻第二号　一九九四年七月
清川雪彦著『日本の経済発展と技術普及』『社会経済史学』第六二巻第一号　一九九六年五月
岡本幸雄著『明治前期紡績技術関係史』『社会経済史学』第六二巻第二号　一九九六年六・七月
杉原薫著『アジア間貿易の形成と構造』『日本史研究』第四一七号　一九九七年五月
岡本幸雄編『明治期紡績関係史料』『史学雑誌』第一〇六編第六号　一九九七年六月
谷本雅之著『日本における在来的経済発展と織物業――市場形成と家族経済』『史学雑誌』第一〇七編第一二号　一九九八年一二月
石井寛治著『日本の産業革命――日清・日露戦争から考える』『土地制度史学』第一六三号　一九九九年四月
米川伸一著『東西繊維経営史』『社会経済史学』第六五巻第二号　一九九九年六月
大石嘉一郎著『日本資本主義史論』『歴史学研究』第七三六号　二〇〇〇年五月
籠谷直人著『アジア国際通商秩序と近代日本』『日本史研究』第四五九号　二〇〇〇年一一月

杉山伸也・ジャネット・ハンター編『日英交流史一六〇〇—二〇〇〇　四　経済』『社会経済史学』第六七巻第六号　二〇〇二年三月
馬場宏二著『会社という言葉』『経営史学』第三七巻第三号　二〇〇二年一二月
中西聡・中村尚史編著『商品流通の近代史』『史学雑誌』第一一三編第四号　二〇〇四年四月
武田晴人編『地域の社会経済史——産業化と地域社会のダイナミズム』『歴史と経済』第一八四号　二〇〇四年七月
西成田豊著『経営と労働の明治維新——横須賀製鉄所・造船所を中心に』『大原社会問題研究所雑誌』第五六四号　二〇〇五年一一月
森時彦編『在華紡と中国社会』『社会経済史学』第七二巻第二号　二〇〇六年七月
東條由紀彦著『近代・労働・市民社会——近代日本の歴史認識Ⅰ』『歴史と経済』第一九三号　二〇〇六年一〇月
渡邉恵一著『浅野セメントの物流史——近代日本の産業発展と輸送』『歴史と経済』第一九四号　二〇〇七年一月
石井寛治・中西聡編『産業化と商家経営——米穀肥料商廣海家の近世・近代』『経営史学』第四二巻第一号　二〇〇七年六月
阿部武司・中村尚史編著『産業革命と企業経営　一八八二〜一九一四』『史学雑誌』第一一九編第九号

二〇一〇年九月

中西聡著『海の富豪の資本主義　北前船と日本の産業化』『歴史と経済』第二一一号、二〇一一年四月

富澤芳亜・久保亨・萩原充編著『近代中国を生きた日系企業』『社会経済史学』第七八巻第五号　二〇一三年二月

【雑】

〈私の研究〉「日本資本主義の確立過程を　綿紡績工業の実証的研究で」『横浜国立大学新聞』第一八九号　一九六八年五月一〇日

〈教官アドバイス　受験生諸君へ〉「『歴史』を考えよ」『東京大学新聞』第二三七三号　一九八〇年一二月八日

〈談〉「教科書・歴史・検定・教師」『東京大学新聞』第二四五〇号　一九八二年一〇月一二日

〈ひとこと〉『開港のひろば』第九号　横浜開港資料館　一九八四年一一月一日

〈歴史散歩〉「水車と産業革命」『歴博』第三〇号　一九八八年八月

〈特別図書紹介〉「『郡是市町村是調査資料』について」『図書館の窓』第二九巻第二号　一九九〇年二月

「解題（本邦綿糸紡績史）」絹川太一著『本邦綿糸紡績史』第七巻　原書房　一九九一年二月

〈一〇〇〇人が語る、私の〝昭和天皇独白録〟〉『歴史書通信』第七五号　一九九一年二月

〈東大教師が新入生にすすめる本〉『UP』第二三四号　東京大学出版会　一九九二年四月
「編集を終えて（一）」吉田伸之・高村直助編『商人と流通』山川出版社　一九九二年一一月
「出題ノート」『大学入試フォーラム』第一六号　一九九三年三月
「企業勃興期研究と歴史教育」『歴史地理教育』第四九九号　一九九三年三月
「『横浜市史』と私」『地誌と歴史』第四八号　一九九三年一一月
〈歴史随想〉「『産業革命』のこと」『吉川弘文館の新刊』第五〇号　一九九四年一〇月
「同級生交歓」『文芸春秋』第七四巻第一五号　一九九六年一二月
〈東大を去る前に今残すことば〉「辿り来て未だ山麓　課題の絶えることのないすばらしさを痛感」『東京大学新聞』第三〇五一号　一九九七年一月二八日
「日本経済の画期としての一八九七年」『建築雑誌』第一四〇号　一九九七年八月
〈コラム歴史の風〉「批判の作法」『史学雑誌』第一〇六編第九号　一九九七年九月（史学会編『歴史の風』刀水書房　二〇〇七年一一月）
「国際交流委員長のころ」東京大学文学部『国際交流ハンドブック一九九八』一九九八年一月
「会社の誕生」東洋大学白山史学会『白山史学』第三四号　一九九八年四月
「『会社』と出会った人々」『AERA Mook 幕末学のみかた』朝日新聞社　一九九八年四月
〈はがき通信〉『日本歴史』第六〇〇号　一九九八年五月（経済史三部作）

「工業化と川」『CEI　四七　特集日本および日本人の再発見――近代化への問いかけ』大阪ガスエネルギー・文化研究所　一九九八年一一月
〔インタビュー〕「史料が意外なところで見つかるのも楽しみ」『横浜市歴史博物館ニュース』第八号　一九九九年三月
「資料編・近現代五（産業・経済二）の刊行によせて」『千葉県史のしおり』第五回　二〇〇一年三月
「「交流」への期待」『フェリス女学院広報』第一〇二号　二〇〇一年四月
「『国史大辞典』編集の頃」『本郷』第三五号　二〇〇一年九月
「ご迷惑ばかりおかけしました」石井進先生を偲ぶ会編『であいの風景』新人物往来社　二〇〇二年三月
〔歴史手帖〕「尾去沢鉱山事件再考」『日本歴史』第六五〇号　二〇〇二年七月
「『愛知県史　資料編二九　近代六　工業二』の刊行によせて」『愛知県史のしおり』二〇〇四年三月
〔人物風土記〕「焼け跡原点に、歴史を歩く」『タウンニュース』都筑区版、第三一八号　二〇〇四年四月一日
「横浜正金銀行の歩み」神奈川県立歴史博物館『特別展重要文化財旧横浜正金銀行本店創建一〇〇周年記念　横浜正金銀行――世界三大為替銀行への道』二〇〇四年七月
「横浜市史編集をふりかえって」神奈川県歴史資料取扱機関連絡協議会『会報』第二六号　二〇〇四年九月

〈私の忘れ得ぬ一冊〉「山田盛太郎『日本資本主義分析』」『ミネルヴァ通信』二〇〇五年五月

〈はがき通信〉『日本歴史』第六九一号　二〇〇五年一二月（指定管理者制度）

「横浜現代史のシンボル山下公園」『有隣』第四六一号　二〇〇六年四月

「会社の誕生」『福澤研究センター通信』第六号　二〇〇七年三月

「開館二五周年を迎えて」『横浜開港資料館紀要』第二五号　二〇〇七年三月

「終始お世話になりました」大石先生追悼文集刊行会編『日本近代史研究の軌跡　大石嘉一郎の人と学問』日本経済評論社　二〇〇七年一一月

「『横浜市史Ⅱ』と収集資料」横浜市史資料室『市史通信』第一号　二〇〇八年三月

〈歴史手帖〉「富くじと会社」『日本歴史』第七二六号　二〇〇八年一一月

「特色ある歴史、文化を守る」『神奈川新聞』二〇〇九年一月一日

「開港都市横浜　三つの半世紀」『横濱』第二四号　二〇〇九年四月

「伊勢佐木町の誕生と町名の由来」伊勢佐木町一・二丁目地区商店街振興組合「イセザキ歴史書をつくる会」編著『OLD but NEW～イセザキの未来につなぐ散歩道』神奈川新聞社　二〇〇九年七月

「質のよいものをより多くの人々に――開館一五周年を迎えて」『横浜市歴史博物館ニュース』第二九号　二〇一〇年一月

「開港一五〇年をふりかえる」大西比呂志編『近代横浜と国際交流の学際的研究』二〇一〇年三月（二〇

〇九年一二月一四日講演会記録）
「開園一五周年を迎えて」横浜さいかちの会『横浜さいかち通信』第一八号　二〇一一年三月
「〔DVD版〕日本紡績協会・在華日本紡績同業会資料」（雄松堂）推薦文　二〇一一年一二月
〔歴史手帖〕「江戸藩邸焼討事件と西郷隆盛の『残念千万』」『日本歴史』第七六八号　二〇一二年五月
「小松帯刀の扱われ方」『本郷』第一〇一号　二〇一二年九月
〔はがき通信〕『日本歴史』第七七六号　二〇一三年一月（小松帯刀）
「大政奉還と小松帯刀」『歴史地理教育』第八〇一号　二〇一三年三月

【座談会・対談】

〔対談〕「近代史の方法」（中村政則氏と）『本郷』第二号　吉川弘文館　一九九五年四月
「座談会　横浜市史Ⅱの編集事業をふりかえって」『市史研究よこはま』第一六号　二〇〇四年三月
「座談会　横浜は「昭和」をどう歩んできたか――『横浜市史Ⅱ』の完結」（石塚祐道・大西比呂志氏と）
　『有隣』第四三七号　二〇〇四年四月一〇日
「新旧館長対談　横浜の歴史を微視的に巨視的に」（平野邦雄前館長と）『横浜市歴史博物館ニュース』号
　外　二〇〇五年一月（『横浜市歴史博物館紀要』第一〇号、二〇〇六年三月）
「座談会　吉田新田と横浜の埋立て」（角井光・斉藤司氏と）『有隣』第四六八号　二〇〇六年一一月一〇

日
「座談会　原始・古代から現代まで『開港一五〇周年記念　横浜　歴史と文化』」（斉藤司・西川武臣・平野卓治・松信裕氏と）『有隣』第四九九号、二〇〇九年六月一〇日
〔対談〕「わが『ヨコハマ』の歴史と未来」（山崎洋子氏と）『東京人』第二六九号　二〇〇九年七月
〔座談会〕「『体験的』経済史研究」（石井寛治・原朗氏と）石井・原・武田晴人編『日本経済史』第六巻・日本経済史入門　東京大学出版会　二〇一〇年九月（一九九九年一〇月実施）

# 喜寿を迎えて

若い頃は、父が六十代半ばで亡くなっているので、自分が研究を出来るのも六十歳くらいまでだろうと思い込んでいたふしもあり、還暦以後は計画性のないまま、ぼやぼやと過ごしてきたのが正直なところです。この間、前半はフェリス女学院、後半は横浜市ふるさと歴史財団と、途中東京に転居したとはいえ、横浜とのご縁が続きました。

喜寿を迎えるということで振り返ってみると、持って生まれた能力を前提にするならば、我流を通しながらも、研究や仕事で、まずまず大きな悔いのない人生を送ってこられたと思います。それは喜ぶべきことではありますが、実は、それについては、多くの人達がチャンスを与え支援して下さるなど、大変な幸運に恵まれてきたことを、改めて痛感しています。

昨年以降、成人病を連発してしまいましたが、幸い普通の生活を取り戻すことが出来たのも、家族の強い支えあってのことでした。

「回顧談」は、昔話を聞きたいと集まって下さった、元教え子の上山和雄（國學院大學）、大豆生田稔（東洋大学）、鈴木淳（東京大学）、共同研究をともにしてきた老川慶喜（立教大学）、中村尚史（東京大学）、以上の諸氏を前に話したことをもとにまとめました。多忙な方々が全員四回も付き合って下さったのには恐縮しました。「鶏肋抄」は、還暦ののちに書いた短文数点を再録したものです。

これからは、「ゆっくり」「ゆったり」を心掛けながら、いま少し「趣味としての歴史」を楽しめればと思っています。

皆さん、有難うございました。

高村　直助

【著者略歴】

高村直助（たかむら・なおすけ）

1936年生まれ。1959年東京大学文学部卒業。1965年東京大学大学院人文科学研究科博士課程単位取得退学。文学博士（東京大学）。

1971〜97年東京大学助教授・教授。東京大学名誉教授。

1997〜2005年フェリス女学院大学国際交流学部教授。

著書に、『日本紡績業史序説』（塙書房、1971年）、『日本資本主義史論』（ミネルヴァ書房、1980年）、『近代日本綿業と中国』（東京大学出版会、1982年）、『再発見　明治の経済』（塙書房、1995年）、『会社の誕生』（吉川弘文館、1996年）ほか。

歴史研究と人生　我流と幸運の七十七年

2015年7月15日　第1刷発行　　定価（本体2900円＋税）

著　者　高　村　直　助
発行者　栗　原　哲　也

発行所　株式会社　日本経済評論社
〒101-0051　東京都千代田区神田神保町3-2
電話　03-3230-1661　FAX　03-3265-2993
info8188@nikkeihyo.co.jp
URL：http://www.nikkeihyo.co.jp

装幀＊渡辺美知子　　印刷＊文昇堂・製本＊誠製本

乱丁・落丁本はお取替えいたします。　Printed in Japan

ISBN978-4-8188-2396-9

高村直助編著
# 明治前期の日本経済
―資本主義への道―
A5判　六〇〇〇円

日本における産業革命はいかなる前提条件の下で達成されたか。明治前期の政府の政策、諸産業の実態、経済活動を担う主体の三つの側面から実証的に解明する。

鈴木淳編
# ある技術家の回想
―明治草創期の日本機械工業界と小野正作―
A5判　五八〇〇円

横須賀造船所、八幡製鉄所など明治期の造船・機械工業の代表的職場を渡り歩いた技術者が自らの失敗談を交えて現場の生産から経営事情まで幅広く語る。

中西聡・中村尚史編著
# 商品流通の近代史
A5判　五五〇〇円

近代日本における商品流通と市場形成との関係について商取引・物流・情報流通の三点に着目し、その相互関係を考察することによって多様な市場の集積過程を明らかにする。

老川慶喜・大豆生田稔編著
# 商品流通と東京市場
―幕末～戦間期―
A5判　五七〇〇円

東京周辺の市場圏や各地域の実態に即しつつ、織物、肥料、塩、陶磁器等多様な商品市場が重層的に存在する東京市場の構造を具体的かつ実証的に解明する。

大西比呂志・梅田定宏編著
# 「大東京」空間の政治史
―一九二〇～三〇年代―
A5判　四〇〇〇円

第一次大戦期から急速に進んだ「東京」の拡大とそのなかで進展した都市空間再編の過程を、都市への官僚統制、都市の政治構造、地域社会の変化から解明する。

（価格は税抜）　日本経済評論社